Geissmann / Huber / Wetzel

Grundstückerwerb in der Schweiz
durch Personen im Ausland

Hanspeter Geissmann
Felix Huber
Thomas Wetzel

Grundstückerwerb in der Schweiz durch Personen im Ausland

Von der Lex Friedrich zur Lex Koller

Überblick über die Revision 1997

Schulthess Polygraphischer Verlag Zürich 1998
Nomos Verlagsgesellschaft Baden-Baden 1998

© Schulthess Polygraphischer Verlag AG, Zürich 1998
ISBN 3 7255 3731 3

Veröffentlichung in Deutschland:
Nomos Verlagsgesellschaft Baden-Baden
ISBN 3 7890 5308 2

Inhaltsverzeichnis

§ 1	**Überblick über die Revision**	**13**
I.	Ausgangslage	13
	1. Einführung der Bewilligungspflicht für den Grundstückerwerb durch Personen im Ausland	13
	a) Lex von Moos	13
	b) Lex Celio	13
	c) Lex Furgler	14
	2. Lex Friedrich	14
	a) Zweck	14
	b) Inhalt	15
	c) Statistik	15
	3. Bestrebungen zur Liberalisierung der Lex Friedrich	16
	a) Verändertes wirtschaftliches Umfeld	16
	b) EWR-Abstimmung vom 6. Dezember 1992	16
	c) Referendumsvorlage vom 25. Juni 1995	17
	d) Kantonalisierungsbestrebungen	17
	e) Vorstösse der Nationalräte Ducrot und Hegetschweiler	18
	f) Lex Koller vom 30. April 1997	18
II.	Lex Koller im Überblick	19
	1. Materialien und Wegleitungen	19
	2. Gesetzestechnik der Revision	20
	a) Aufbau des Gesetzes	20
	b) Grundbegriffe	20
	c) Formell- und materiellrechtliche Aspekte der Revision	20
	d) Kompetenzordnung	21
	e) Verfahren	21
	3. Inhaltliche Erleichterungen	21
	a) Betriebsstätte-Grundstücke	21
	b) Hauptwohnungen	22
	c) Militärische Sicherheit	22
	d) Bewilligungen an Banken oder Versicherungen	22
	e) Liquidation vor dem 1. Februar 1974 gegründeter Immobiliengesellschaften	23
	4. Grenzen der Liberalisierung	23
	a) Ausnahmen von der Bewilligungspflicht und allgemeine Bewilligungsgründe	23
	b) Zusätzliche kantonale Bewilligungsgründe	23
	c) Zwingende Verweigerungsgründe	24

		d) Ferienwohnungen	24
		e) Kapitalanlage in bewilligungspflichtige Grundstücke	24
		f) Immobiliengesellschaften, Immobilienanlagefonds	24

§ 2 Grundlagen 25

I. Einleitung 25
II. Bewilligungspflicht 25
   1. Grundsatz 25
   2. Erwerb von Grundstücken 26
      a) Wirtschaftliche Betrachtungsweise 26
      b) Eigentum und gleichgestellte Rechte 26
      c) Handelsrechtliche Erwerbsformen 27
      d) Vermögensübernahme und Fusion 28
      e) Sitzverlegung ins Ausland 28
   3. Personen im Ausland 28
      a) Natürliche Personen 28
      b) Juristische Personen, Kollektiv- und Kommanditgesellschaften 30
      c) Rechtsgebilde mit schweizerischem Sitz, aber ausländischer Beherrschung 31
      d) Treuhandverhältnisse 31
   4. Beherrschende Stellung 31
      a) Generalklausel 31
      b) Stimmrechtmässige Beherrschung 32
      c) Finanzielle Beteiligung 32
      d) Beherrschung aus anderen Gründen 33
      e) Gesetzliche Vermutungen bei juristischen Personen 33
      f) Gesetzliche Vermutungen bei Kollektiv- oder Kommanditgesellschaften 35
III. Übrige Ausnahmen von der Bewilligungspflicht 35
   1. Aufbau des Gesetzes 35
   2. Ausnahmefälle 36
IV. Bewilligungsgründe 37
   1. Bundesrechtliche Bewilligungsgründe 37
      a) Allgemeines 37
      b) Ausländische Versicherungsgesellschaften 38
      c) Ausländische Personalvorsorgeeinrichtungen 38
      d) Pfandsicherung ausländischer Banken und Versicherungseinrichtungen 39
      e) Erbschaft 39

		f)	Härteklausel	39
	2.	\multicolumn{2}{l	}{Zusätzliche kantonale Bewilligungsgründe}	40

       f)   Härteklausel   39
  2. Zusätzliche kantonale Bewilligungsgründe   40
       a) Allgemeines   40
       b) Sozialer Wohnungsbau   40
       c) Zweitwohnung   41
       d) Ferienwohnung oder Wohneinheit in einem Apparthotel   42

V. Verweigerungsgründe   43
  1. Bedeutung   43
  2. Anwendbarkeit von Art. 12 BewG bei bewilligungsfreien Erwerben   43
  3. Zwingende Verweigerungsgründe   44
       a) Kapitalanlage   44
       b) Flächenbeschränkung   44
       c) Gesetzesumgehung   44
       d) Vorbestehendes Eigentum   45
       e) Staatspolitische Interessen   45
  4. Weitergehende kantonale Beschränkungen   45

§ 3 Erwerb von Betriebsstätten   47

I. Einführung   47
II. Begriff der Betriebsstätte   48
  1. Allgemeines   48
  2. Massgeblichkeit der Zweckbestimmung   48
  3. Keine persönliche Betriebsführung des Erwerbers   49
  4. Unternehmungen der Urproduktion   49
III. Zulässige Flächen   49
  1. Allgemeines   49
  2. Betriebliche Notwendigkeit   50
  3. Reserveland   50
  4. Wohnungen   51
       a) Wohnanteilvorschriften   51
       b) Funktionaler Zusammenhang bzw. untergeordnete Bedeutung   52
       c) Verbotene Kapitalanlage   52
  5. Bauland   52
IV. Zusammenfassung   53

§ 4 Erwerb von Hauptwohnungen 54

I. Grundsatz 54
   1. Einführung 54
   2. Wegfall der kantonalen Kompetenzen 54

II. Hauptwohnsitz 55
   1. Wohnsitz 55
   2. Rechtmässigkeit des Wohnsitzes 55

III. Natürliche Person als Erwerber 55

IV. Fläche 56
   1. Geschossfläche 56
   2. Parzellenfläche 56

V. Nachträglicher Wegfall der Erwerbsvoraussetzungen 56
   1. Keine Veräusserungspflicht 56
   2. Freie Verfügbarkeit über rechtmässig erworbenes Eigentum 57

§ 5 Erwerb von Anteilen an Gesellschaften 58

I. Grundsätze der Revision 58
   1. Allgemeines 58
   2. Änderungen auf Gesetzes- und Verordnungsstufe 58
      a) Erwerb von Anteilen an vermögensfähigen Gesellschaften ohne juristische Persönlichkeit 58
      b) Erwerb von Anteilen an juristischen Personen 59
   3. Bedeutung des Wegfalls der Bewilligungspflicht für Betriebsstätte-Grundstücke 59

II. Definition der Immobiliengesellschaft 60
   1. Ungenügende Definition im BewG 60
   2. «Gemischte» Immobiliengesellschaften 62
      a) Problematik 62
      b) Lösungsansatz 62
      c) Reserveland / Bauland 63
      d) Wohnungen mit Betriebsstätte-Charakter / Wohnungen aufgrund von Wohnanteilvorschriften 63
   3. Holdinggesellschaften 64

III. Erwerbsgeschäft 64
   1. Grundsatz: Jeder Anteilserwerb ist bewilligungspflichtig 64

2.	Kaufs-, Vorkaufs- und Rückkaufsrechte an Gesellschaftsanteilen	65
3.	Beteiligung an der Gründung und der Kapitalerhöhung von juristischen Personen	65
IV.	Beteiligung an einem Immobilienanlagefonds	65

§ 6 Weitere Änderungen 67

I.	Militärische Sicherheit	67
II.	Bewilligungen an Banken oder Versicherungseinrichtungen	67
III.	Liquidation vor dem 1. Februar 1974 gegründeter Immobiliengesellschaften	68

§ 7 Verfahren 69

I.	Grundsätzliche Auswirkungen der Revision	69
	1. Direkter Grundbuch- bzw. Handelsregistereintrag	69
	2. Beschränkte materielle Prüfung der Grundbuch- und Handelsregisterämter	69
	3. Unveränderte Verfahrensbestimmungen	70
	a) Zwangsversteigerung	70
	b) Behörden und Rechtsmittelinstanzen	70
	c) Zivil-, straf- und verwaltungsrechtliche Sanktionen	70
II.	Grundbuchlicher Vollzug des bewilligungsfreien Erwerbs	71
	1. Allgemeines	71
	a) Grundbuchrechtliche Grundsätze	71
	b) Eintragungen in das Hauptbuch	72
	c) Verweisung des Erwerbers an die Bewilligungsbehörde in Zweifelsfällen	72
	d) Abweisung der Anmeldung	73
	e) Auflagen, Anmerkung und Löschung	73
	2. Erwerb von Betriebsstätte-Grundstücken	74
	3. Erwerb von Hauptwohnungen	75
III.	Prüfung durch das Handelsregisteramt	77
IV.	Nachträgliche Feststellung der Bewilligungspflicht	77
V.	Unwirksamkeit und Nichtigkeit von Grundstückerwerben	78
	1. Allgemeines	78

Inhaltsverzeichnis

	2. Bedeutung für bewilligungsfreie Grundstückerwerbe	79
	3. Feststellungsverfügungen	79

§ 8 Übergangsrecht 81

I.	Hängige Rechtsgeschäfte	81
II.	Vollzogene Rechtsgeschäfte	81
III.	Auflagen nach altem Recht	81
IV.	Kantonale Grundsatzbewilligungen	82

Bundesgesetz 83
über den Erwerb von Grundstücken durch Personen im Ausland (BewG)
vom 16. Dezember 1983 mit Änderungen vom 30. April 1997
(SR 211.412.41)

Verordnung 99
über den Erwerb von Grundstücken durch Personen im Ausland (BewV)
vom 1. Oktober 1984 mit Änderungen vom 10. September 1997
(SR 211.412.411)

Sachregister 109

Zu den Autoren 117

Weiterführende Literatur

Amtliches Bulletin der Bundesversammlung, Ständerat und Nationalrat, April-Session 1997.

Bandli Christoph, Dr. iur., Bundesamt für Justiz, Die Revision der Lex Friedrich vom 30. April 1997 – Impulse für die Bauwirtschaft? In Baurecht 1/1998, Seite 32 ff.

Bernheim Marc, Die Finanzierung von Grundstückkäufen durch Personen im Ausland, Diss. Zürich 1993.

Bomio Gianni, Das Feststellungsverfahren bei der AG gemäss dem Bundesgesetz über den Erwerb von Grundstücken durch Personen im Ausland, Bellinzona 1990.

Bundesamt für Justiz, Erwerb von Grundstück durch Personen im Ausland; Wegleitung für die Grundbuchämter, Bern, 24. Oktober 1997.

Eichenberger René P., Die Behandlung des Aktienerwerbes in der Lex Friedrich, Dietikon 1992.

Eidgenössisches Amt für das Handelsregister, Erwerb von Grundstücken durch Personen im Ausland; Richtlinien für die kantonalen Handelsregisterämter, Bern, 13. Januar 1998.

Krauskopf L./Maître B., Acquisition d'immeubles par des personnes à l'étranger, In Baurecht 1/1986, S. 1 ff.

Mühlebach Urs/Geissmann Hanspeter, Kommentar zum Bundesgesetz über den Erwerb von Grundstücken durch Personen im Ausland, Brugg/Baden 1986.

Schwager Rudolf, Die privatrechtlichen Bestimmungen der Lex Friedrich – Grundzüge, Grundprobleme und Ungereimtheiten, ZBGR 68/1987, S. 137 ff.

Unterlagen zur öffentlichen Informationsveranstaltung der Karl Steiner AG vom 27. August und 10. September 1997 in Zürich-Oerlikon (Referate von Dr. Christoph Bandli, Bundesamt für Justiz, Bern, und Dr. Felix Huber, Rechtsanwalt, Zürich).

Winzap Pierre-Henri, Les dispositions pénales de la loi fédérale sur l'acquisition d'immeubles par des personnes à l'étranger [Lex Friedrich], Diss. Lausanne 1992.

Hinweis:

Im Hinblick auf eine bessere Lesbarkeit wurden die Literaturhinweise im Text auf ein Minimum beschränkt.

§ 1 Überblick über die Revision*

I. Ausgangslage

1. Einführung der Bewilligungspflicht für den Grundstückerwerb durch Personen im Ausland

a) Lex von Moos

Anfangs der 50er Jahre nahm der Grundstückerwerb durch Personen im Ausland (im folgenden auch Ausländer) an Bedeutung zu. Mittels Vorschriften sollte deshalb der Verkauf von Boden an solche Personen auf ein tragbares Mass beschränkt werden. Die «Lex von Moos», der erste dringliche Bundesbeschluss zur Einschränkung des Grundstückerwerbs durch Personen im Ausland vom 23. März 1961 trat auf den 1. April 1961 in Kraft (AS 1961 203). Sie erklärte erstmals den Kauf von schweizerischen Immobilien durch Personen im Ausland als bewilligungspflichtig. Ein solcher Kauf war zu verweigern, wenn der ausländische Erwerber kein berechtigtes Interesse daran nachweisen konnte. Der auf fünf Jahre befristete Bundesbeschluss wurde zweimal um fünf Jahre verlängert und dabei jeweils leicht abgeändert (AS 1965 1239, 1970 1199).

b) Lex Celio

Der hohe Geldzufluss aus dem Ausland in die Schweiz anfangs der 70er Jahre war Anlass für zusätzliche Massnahmen. Gestützt auf den Bundesbeschluss über den Schutz der Währung vom 8. Oktober 1971 (SR 941.11) wurde am 26. Juni 1972 eine Verordnung erlassen, welche die Anlage ausländischer Gelder in inländischen Wertpapieren und Hypotheken grundsätzlich verbot. Mit der «Lex Celio» (AS 1972 1062) sollte den schwerwiegenden Störungen der internationalen Währungsverhältnisse entgegengetreten werden. Die Verordnung wurde nach Stabilisierung der Währungslage auf den 31. Januar 1974 wieder aufgehoben.

---

* Die Wiedergabe der Entstehungsgeschichte der Lex Koller lehnt sich teilweise eng an die beiden im Literaturverzeichnis zitierten Aufsätze von Christoph Bandli an. Ihm danken wir an dieser Stelle auch ganz herzlich für die kritische Durchsicht unseres Manuskriptes.

§ 1   Überblick über die Revision

c) Lex Furgler

3   Da der Grundstückerwerb durch Ausländer trotz der eingeführten Bewilligungspflicht stark zunahm, stimmte das Parlament am 21. März 1973 einem neuen Bundesbeschluss zu, der eine strengere Erfassung der Umgehungsgeschäfte, eine Verschärfung der Voraussetzungen für den Erwerb von Ferienwohnungen und ein Beschwerderecht der Bundesverwaltung gegen erstinstanzliche kantonale Verfügungen einführte. Die «Lex Furgler» wurde auf den 1. Februar 1974 in Kraft gesetzt (AS 1974 83). Zudem wurde gestützt auf Art. 7 und 34 der Lex Furgler der Bundesratsbeschluss vom 21. Dezember 1973 (AS 1974 109) erlassen. Letzterer bestimmte Fremdenverkehrsorte, die der Ansiedlung von Gästen zur Förderung des Fremdenverkehrs bedurften. Er definierte gleichzeitig aber auch eine Schwelle, bei deren Überschreitung eine grundsätzliche Bewilligungssperre einsetzte. Am 10. November 1976 wurde dieser Bundesratsbeschluss in die Verordnung über den Erwerb von Grundstücken in Fremdenverkehrsorten durch Personen im Ausland (AS 1976 2389) umgewandelt. Sowohl der Bundesratsbeschluss als auch die Verordnung waren auf ein Jahr befristet, wurden aber regelmässig verlängert und mit fast jeder Verlängerung auch verschärft (AS 1974 109, 1975 1303, 1976 2389, 1979 806, 1980 1875). Da einige Fremdenverkehrskantone mit der Erteilung von Ausnahmebewilligungen sehr freigiebig waren, wurde am 18. Juni 1979 deren Erteilung erstmals kontingentiert (AS 1979 806).

2. Lex Friedrich

a) Zweck

4   Das Bundesgesetz über den Erwerb von Grundstücken durch Personen im Ausland vom 16. Dezember 1983 («Lex Friedrich», AS 1984 1148) wurde als Gegenvorschlag zur Initiative «Gegen den Ausverkauf der Heimat» erlassen und verschärfte die einschränkenden Massnahmen gegen Grundstückerwerbe durch Ausländer noch mehr. Der heute noch geltende Zweckartikel zeigt, dass das Gesetz zum Ziel hat, «die Überfremdung des einheimischen Bodens zu verhindern» (Art. 1 BewG).

5   Der Anlass für die Verschärfungen im Rahmen der Lex Friedrich waren insbesondere die Knappheit des verfügbaren Bodens, die zeitweise beträchtliche ausländische Nachfrage nach Immobilien und der Druck auf den Ferienwohnungsmarkt. Ferner wurde eine Gefährdung der kulturellen Eigenart, der wirtschaftlichen Unabhängigkeit und der militärischen Sicherheit befürchtet. In der Praxis wurde die Lex Friedrich teilweise auch für andere

Zwecke, wie beispielsweise die generelle Steuerung des Zweitwohnungsbaus oder die Bekämpfung der Geldwäscherei, herangezogen.

b) Inhalt

Die Lex Friedrich regelte insbesondere folgende Tatbestände:

- Freier Erwerb von Grundeigentum durch Niedergelassene (ausgenommen in der Nähe wichtiger militärischer Anlagen);
- Erteilung von Bewilligungen für den Erwerb von Ferienwohnungen nur in beschränktem Umfang (Kontingente);
- Bewilligungspflicht für den Erwerb von Hauptwohnungen durch am Ort wohnhafte Jahresaufenthalter. Dabei liess das Gesetz teilweise weitergehende kantonalrechtliche Bestimmungen für die Umschreibung zusätzlicher Voraussetzungen für den Erwerb von Hauptwohnungen zu;
- Bewilligungspflicht für den Erwerb von Grundstücken für Betriebsstätten. Die Bewilligung wurde erteilt, wenn der Erwerber auf dem Grundstück sein eigenes Unternehmen selbst führte. Der Erwerb von Grundstücken zum Zweck des gewerbsmässigen Immobilienhandels und der blossen Vermietung war nicht möglich. Kapitalanlagen in Grundstücken waren verboten. Gewisse Ausnahmen existierten für Personalvorsorgeeinrichtungen und Versicherungen.

Die Lex Friedrich enthielt überdies ausführliche Definitionen wesentlicher Begriffe, namentlich der «Personen im Ausland», der «beherrschenden Stellung» und des «Grundstückerwerbs». Diese Definitionen zielten darauf ab, Umgehungsgeschäfte möglichst vollständig zu verhindern.

c) Statistik

Die Anzahl der erteilten Bewilligungen sank schon vor dem Inkrafttreten der Lex Friedrich (1. Januar 1985) auf weniger als die Hälfte der Boom-Jahre 1980 und 1981. Während 1980 5'950 Bewilligungen erteilt wurden, waren es im Jahre 1982 lediglich noch 3'094. Im Jahre 1991 sank die Bewilligungszahl gar auf 1'113. Der jährliche Durchschnitt der erteilten Bewilligungen von 1985 bis 1991 lag bei 1'300.

Die Gründe für diesen markanten Rückgang waren vielfältig. Von erheblicher Bedeutung war sicher die Lex Friedrich und die gestützt darauf erlassenen Massnahmen der Kantone. Andererseits wirkten sich auch steigende

Bodenpreise, veränderte wirtschaftliche Rahmenbedingungen, Änderungen ausländischer Gesetze (z.b. Steuergesetzgebung) sowie eine erhöhte politische und wirtschaftliche Stabilität in den Nachfrageländern dämpfend aus.

10   1993 war ein leichter Anstieg zu verzeichnen; es wurden 2'040 Bewilligungen erteilt. 1994 waren es 1'836 und 1995 1'801.

11   Zu beachten ist, dass nicht alle Bewilligungen auch zu Handänderungen führen. Im Durchschnitt werden nur ca. drei Viertel aller Bewilligungen mit einem Grundbuch- oder Handelsregistereintrag vollzogen. Oft erfolgen die Eintragungen im Grundbuch auch mit einer gewissen Verzögerung.

3. Bestrebungen zur Liberalisierung der Lex Friedrich

a) Verändertes wirtschaftliches Umfeld

12   Mit Beginn der Immobilienkrise anfangs der 90er Jahre, insbesondere in der Westschweiz, und der generellen wirtschaftlichen Stagnation wurden die Beschränkungen der Lex Friedrich immer mehr als wirtschaftliche Hindernisse empfunden. Vor allem Wirtschaftskreise verlangten eine Öffnung und Liberalisierung der Wirtschaftsordnung sowie die Aufhebung der bestehenden Restriktionen für Investitionen von Ausländern im schweizerischen Immobilienmarkt. So wurde vor allem kritisiert, dass die Lex Friedrich dringend erwünschte ausländische Direktinvestitionen in schweizerische Immobilien verhindere oder mindestens erschwere.

b) EWR-Abstimmung vom 6. Dezember 1992

13   Ein Beitritt der Schweiz zum EWR hätte die Anpassung verschiedener Schweizer Gesetze an das EWR-Recht gefordert. Die entsprechenden Gesetzesänderungen waren in einem Gesamtpaket, der sog. «Eurolex», zusammengefasst. Der EWR-Vertrag sah nach einer Übergangsfrist und unter Vorbehalt einer Schutzklausel die Aufhebung der Lex Friedrich für Angehörige der Mitgliedstaaten vor. In der Abstimmung vom 6. Dezember 1992 lehnte das Schweizer Volk den Beitritt zum EWR ab. Damit blieb auch die Regelung des Erwerbs von Grundstücken durch Ausländer bestehen.

c) Referendumsvorlage vom 25. Juni 1995

Bereits kurze Zeit nach der Volksabstimmung vom 6. Dezember 1992 reichten verschiedene Parlamentarier Vorstösse ein, die entweder die Abschaffung oder wenigstens eine Lockerung der Lex Friedrich verlangten.

Mit Botschaft vom 23. März 1994 (BBl 1994 II 511) präsentierte der Bundesrat eine Revisionsvorlage zur Öffnung des schweizerischen Immobilienmarktes für Personen im Ausland.

Der Revisionsentwurf strebte eine kontrollierte Öffnung des Immobilienmarktes an, wobei der sog. harte Kern der Lex Friedrich beibehalten werden sollte. Als harter Kern wurde die Bewilligungspflicht für den Erwerb von Grundstücken zum Zweck der blossen Kapitalanlage und des gewerbsmässigen Immobilienhandels sowie für den Erwerb von Ferienwohnungen bezeichnet.

Der Revisionsvorschlag übernahm verschiedene Lockerungen der Eurolex-Vorlage. Beispielsweise sollten Ausländer, welche im Zeitpunkt des Erwerbs oder früher insgesamt während mindestens fünf Jahren in der Schweiz Wohnsitz hatten, Schweizer Boden frei erwerben können. Dagegen sollten auch Auslandschweizer dem Gesetz unterstellt werden. Für den Erwerb von Grundstücken, die der wirtschaftlichen Tätigkeit dienten, sollte die Bewilligungspflicht aufgehoben werden. Kapitalanlagen von Ausländern sollten dann zulässig sein, wenn das erworbene Grundstück Dritten für die Ausübung einer wirtschaftlichen Tätigkeit zur Verfügung gestellt wird. Bei Anteilen an Immobiliengesellschaften sollte der bewilligungsfreie Erwerb solange möglich sein, als die ausländische Beteiligung unter 50% blieb.

Obwohl die Revisionsvorlage in den Räten breite Zustimmung fand, wurde sie in der Referendumsabstimmung vom 25. Juni 1995 vom Volk abgelehnt. Die Vox-Analyse ergab, dass die Stimmbürger die Vorlage hauptsächlich wegen des Ferienwohnungserwerbs durch Ausländer und der Ungleichbehandlung von Auslandschweizern gegenüber Schweizern abgelehnt hatten. Die Zulassung von ausländischen Investitionen in wirtschaftlich genutzte Grundstücke war dagegen nicht umstritten.

d) Kantonalisierungsbestrebungen

Bald nach dem negativen Volksentscheid forderten die in der Abstimmung unterlegenen Kantone der Westschweiz und das Tessin mit Standesinitiativen und verschiedenen parlamentarischen Vorstössen erneut eine Revision der Lex Friedrich. Dieses Mal sollten die Kantone entscheiden, ob und allen-

§ 1 Überblick über die Revision

falls wie sie die geltenden Erwerbsbeschränkungen liberalisieren wollten. Der Bundesrat wandte sich gegen diesen föderalistischen Ansatz, insbesondere mit dem Hinweis auf die Gefahren einer unerwünschten Rechtszersplitterung und des Entstehens einer uneinheitlichen Wirtschaftsverfassung.

e) Vorstösse der Nationalräte Ducrot und Hegetschweiler

20 Noch während der Kantonalisierungsdebatte reichten Nationalrätin Ducrot und Nationalrat Hegetschweiler zwei Vorstösse ein, die sinngemäss eine landesweite Befreiung vom Bewilligungserfordernis für Betriebsstätten und Hauptwohnungen forderten. Kurzfristig entschloss sich der Bundesrat, dem Parlament im Rahmen eines bereits vor der Verabschiedung stehenden Investitionsprogramms eine Öffnung der Lex Friedrich zu beantragen. Diese trug nicht nur den beiden parlamentarischen Vorstössen Rechnung, sondern sollte ganz generell ausländische Investitionen in Immobilien von Produktions- und Dienstleistungsbetrieben ermöglichen.

f) Lex Koller vom 30. April 1997

21 Die genannte Vorlage des Bundesrates wurde, nach einer nur dreitägigen Sondersession, am 30. April 1997 vom Parlament verabschiedet. Damit war auch die Debatte über die Wünschbarkeit einer Kantonalisierung der Lex Friedrich beendet. Die Referendumsfrist lief unbenutzt ab. Der Bundesrat hat die Revision der Lex Friedrich vom 30. April 1997 (im folgenden BewG, SR 211.412.41) auf den 1. Oktober 1997 in Kraft gesetzt (AS 1997 2086; hinten S. 83 ff.).

22 Die Verordnung zum Bundesgesetz über den Erwerb von Grundstücken durch Personen im Ausland vom 1. Oktober 1984 (im folgenden BewV, SR 211. 412.411) wurde der revidierten Lex Friedrich mit Änderungen vom 10. September 1997 angepasst und ebenfalls auf den 1. Oktober 1997 in Kraft gesetzt (AS 1997 2122; hinten S. 99 ff.).

23 Der Erfolg der Vorlage dürfte insbesondere darauf zurückzuführen sein, dass sie sich auf den politisch wenig umstrittenen Wirtschaftsbereich konzentrierte und in einen Zusammenhang mit den übrigen konjunkturpolitischen Massnahmen des Investitionsprogramms gestellt wurde. Zudem war die Reform gesetzestechnisch einfach gestaltet, sodass sie sich als punktueller Eingriff darstellen und erklären liess. Die Revision der Lex Friedrich vom 30. April 1997 trifft jedoch – zumindest in wirtschaftlicher Hinsicht – das Herzstück der Gesetzgebung betreffend den Grundstückerwerb durch Ausländer. Rela-

tiv wenige Änderungen der Lex Friedrich haben den Ausländern den schweizerischen Immobilienmarkt in einem ganz wesentlichen Bereich geöffnet.

Es ist deshalb ohne weiteres gerechtfertigt, die neue Fassung der Lex Friedrich, der Tradition der früheren Gesetzesbezeichnungen folgend, fortan «Lex Koller» zu nennen. Es kommt Bundesrat Koller als Vorsteher des Eidgenössischen Justiz- und Polizeidepartementes das Verdienst zu, die Vorstösse Ducrot und Hegetschweiler unverzüglich aufgenommen, eine Gesetzesvorlage ausgearbeitet und diese in das schon fast fertige Investitionsprogramm integriert zu haben (der Begriff «Lex Koller» wurde auch vom Berichterstatter im Ständerat verwendet; Amtliches Bulletin der Bundesversammlung, April-Session 1997, SR, S. 386). 24

II. Lex Koller im Überblick

1. Materialien und Wegleitungen

Die Erläuterungen des Bundesrates zur Lex Koller sind in der «Botschaft über besondere konjunkturpolitische Massnahmen zur Substanzerhaltung der öffentlichen Infrastruktur und zur Förderung privater Investitionen im Energiebereich (Investitionsprogramm) sowie zur Erleichterung ausländischer Investitionen» vom 26. März 1997 integriert (BBl 1997 II 1221). Das Gesetz wurde in der Sondersession vom 28. bis 30. April 1997 vom National- und Ständerat beraten (Amtliches Bulletin der Bundesversammlung, Nationalrat (NR) und Ständerat (SR), April-Session 1997). 25

Das Bundesamt für Justiz hat die Änderungen der BewV mit Datum vom 10. September 1997 erläutert und die Wegleitung für die Grundbuchämter im Hinblick auf den Neuerwerb von Grundstücken durch Personen im Ausland vollständig überarbeitet. Die neue Grundbuch-Wegleitung vom 24. Oktober 1997 ersetzt diejenige vom 29. Januar 1985; sie dient als Vollzugshilfe und hat keinen rechtsverbindlichen Charakter. Das Eidgenössische Amt für das Handelsregister hat schliesslich seine Richtlinien für die kantonalen Handelsregisterämter an die Lex Koller angepasst. Die neuen Richtlinien datieren vom 13. Januar 1998. 26

2. Gesetzestechnik der Revision

a) Aufbau des Gesetzes

27 Die Gesetzessystematik bleibt unverändert. Die Lex Koller hat denselben Aufbau wie die Lex Friedrich. Es sind lediglich einige wenige Artikel des Gesetzes bzw. der Verordnung aufgehoben oder geändert worden. Materiell gilt nach wie vor der Grundsatz, dass der Erwerb von Grundstücken durch Ausländer bewilligungspflichtig ist. Die Lex Koller erweitert jedoch die Befreiungstatbestände.

b) Grundbegriffe

28 Neben der Systematik sind auch die Grundbegriffe der Lex Friedrich, wie beispielsweise diejenigen des «Grundstückerwerbs», der «Personen im Ausland», der «beherrschenden Stellung» oder der «Immobiliengesellschaft im engeren Sinn» beibehalten worden. Diese Begriffe sind heute aber im Lichte der Lex Koller neu auszulegen.

c) Formell- und materiellrechtliche Aspekte der Revision

29 Der Verzicht auf eine Bewilligungspflicht für den Erwerb von Betriebsstätte-Grundstücken und Hauptwohnungen durch Ausländer umfasst materiell- und formellrechtliche Aspekte. Einerseits entfällt beim Erwerb von Betriebsstätte-Grundstücken die Voraussetzung, dass ein ausländischer Investor wie bis anhin verpflichtet ist, den Betrieb auf einem zu erwerbenden Betriebsstätte-Grundstück selbst zu führen. Für Hauptwohnungen ist die Begrenzung der maximal zulässigen Nettowohnfläche aufgehoben worden. Anderseits ist das Verfahren für die genannten Grundstücke vereinfacht worden, indem fortan der direkte Grundbucheintrag von ausländischen Erwerbern von Betriebsstätte-Grundstücken und Hauptwohnungen zulässig ist.

30 Weil diese Verfahrensvereinfachung jedoch nur für bestimmte, wenn auch wichtige Grundstückkategorien gestattet ist, muss immer vor dem direkten Grundbucheintrag oder einem entsprechenden Verfügungsakt geprüft werden, ob im konkreten Anwendungsfall ein bewilligungsfreier Grundstückerwerb vorliegt. Insoweit haben die Grundbuchverwalter, Handelsregisterämter und Steigerungsbehörden für einen neuen, wichtigen Anwendungsbereich eine beschränkte materielle Prüfungspflicht (hinten Rz 193).

d) Kompetenzordnung

Die Lex Friedrich enthielt betreffend Hauptwohnungen lediglich eine Delegation der Legiferierungskompetenz an die Kantone. Diese konnten bestimmen, dass der Erwerb bewilligt werde, wenn das Grundstück einer natürlichen Person als Hauptwohnung am Ort ihres rechtmässigen und tatsächlichen Wohnsitzes dient, solange dieser andauert. Die Kantone waren deshalb auch berechtigt, die näheren Umstände beim Erwerb von Hauptwohnungen durch Ausländer zu regeln. So sah der Kanton Zürich eine Wartefrist von einem Jahr vor. Diese Legiferierungskompetenz der Kantone wurde mit der Revision der Lex Friedrich aufgehoben. Die Kantone können betreffend Hauptwohnungen weder formelle Voraussetzungen (z.b. Wartefristen), noch zusätzliche materielle Voraussetzungen (z.B. Begrenzung der Wohnfläche) statuieren. Der Erwerb von Hauptwohnungen ist abschliessend bundesrechtlich geregelt. 31

e) Verfahren

Die Lex Koller lässt die bisherige verfahrensrechtliche Ordnung unangetastet. Nach wie vor sind die Kantone für den Vollzug des Gesetzes zuständig. Die Rechtsmittelordnung ist ebenfalls beibehalten worden. 32

Mit der Zulassung von bewilligungsfreien Grundstückerwerben im grossen Umfang musste die Möglichkeit einer nachträglichen Feststellung der Bewilligungspflicht geschaffen werden, damit Umgehungsgeschäfte rechtsgenügend erfasst werden können (hinten Rz 225 f.). 33

3. Inhaltliche Erleichterungen

a) Betriebsstätte-Grundstücke

Betriebsstätte-Grundstücke können bewilligungsfrei erworben werden (hinten Rz 130 ff.). Als Betriebsstätte-Grundstück gilt eine Liegenschaft, wenn sie dem Erwerber als ständige Betriebsstätte eines Handels-, Fabrikations- oder eines anderen nach kaufmännischer Art geführten Gewerbes, eines Handwerksbetriebs oder eines freien Berufes dient. Im Gegensatz zur Lex Friedrich können nach der Lex Koller auch landwirtschaftliche Unternehmen Betriebsstätten sein. 34

Die Lex Koller verzichtet darauf, dass eine Betriebsstätte durch den Erwerber selbst geführt werden muss. Massgeblich ist einzig noch der Zweck, dem 35

§ 1 Überblick über die Revision

das Grundstück dient. Damit spielt es keine Rolle mehr, wer die Betriebsstätte führt oder wem das Unternehmen gehört. Dies bedeutet, dass der Ausländer sich in den verschiedensten Formen am Grundstück beteiligen kann, sofern das Grundstück als Betriebsstätte dient. Er kann sogar ein Betriebsstätte-Grundstück als reine Kapitalanlage erwerben.

36 Wohnungen auf Betriebsstätte-Grundstücken können dann miterworben werden, wenn sie durch Wohnanteilvorschriften (das sind nutzungsplanerisch festgesetzte Wohnschutzbestimmungen) vorgeschrieben sind. Andere Wohnungen können dann miterworben werden, wenn sie lediglich einen untergeordneten Anteil an der Gesamtliegenschaft ausmachen.

37 Die Befreiung der Betriebsstätte-Grundstücke von der Bewilligungspflicht führt insbesondere dort zu Abgrenzungsproblemen, wo nicht bewilligungspflichtige Grundstücke mit bewilligungspflichtigen Grundstücken in einer Immobiliengesellschaft verbunden sind (hinten Rz 171 ff.).

b) **Hauptwohnungen**

38 Das selbstgenutzte Wohneigentum ist von der Bewilligungspflicht befreit (hinten Rz 150 ff.). Wer als Ausländer über eine gültige Aufenthaltsbewilligung B oder eine «andere Berechtigung» verfügt, kann in seiner Wohnortgemeinde ein Haus oder eine Wohnung für den Eigengebrauch auf seinen Namen kaufen. Der Erwerber ist zudem nicht mehr verpflichtet, seine Hauptwohnung innert zweier Jahre zu veräussern, wenn er die Schweiz wieder verlässt – er darf sie ohne weitere Einschränkungen behalten (hinten Rz 160 f.).

c) **Militärische Sicherheit**

39 Gemäss Lex Koller ist eine Bewilligung nicht mehr zu verweigern, falls das Grundstück in der Nähe einer wichtigen militärischen Anlage liegt (hinten Rz 184 ff.). Auf diesen Verweigerungsgrund konnte verzichtet werden, nachdem sich die militärische Geheimhaltungspolitik im Laufe der Zeit stark gewandelt hat.

d) **Bewilligungen an Banken oder Versicherungen**

40 Unter der Lex Friedrich wurde einer ausländischen oder ausländisch beherrschten Bank oder Versicherung zwar der Erwerb eines Grundstücks im Rahmen einer Zwangsverwertung oder eines Liquidationsvergleichs zur

Deckung einer pfandversicherten Forderung bewilligt, doch musste das Grundstück innert zweier Jahre wieder veräussert werden. Diese Veräusserungspflicht wurde mit der Revision aufgehoben (hinten Rz 187 f.). Damit wird inskünftig in dieser Beziehung eine Schlechterstellung der ausländischen Banken und Versicherungen gegenüber den schweizerischen Instituten vermieden.

e) **Liquidation vor dem 1. Februar 1974 gegründeter Immobiliengesellschaften**

Die Lex Koller lässt zu, dass Ausländer ohne Bewilligung von einer zu liquidierenden Immobiliengesellschaft eine Wohnung übernehmen können, die ihnen mittelbar durch den Besitz von Anteilen an dieser Gesellschaft wirtschaftlich betrachtet bereits gehört, sofern die Gesellschaft vor dem Inkrafttreten der Lex Furgler am 1. Februar 1974 gegründet wurde (hinten Rz 189 ff.). Mit dieser Lockerung werden insbesondere die in der Romandie verbreiteten Mieter-Aktiengesellschaften angesprochen. Deren Liquidation war unter der Lex Friedrich praktisch nicht möglich, wenn Ausländer Anteile hielten und nicht auf die ihnen indirekt bereits gehörenden Wohnungen verzichten wollten. 41

4. Grenzen der Liberalisierung

a) **Ausnahmen von der Bewilligungspflicht und allgemeine Bewilligungsgründe**

Die bisherigen Ausnahmen von der Bewilligungspflicht (Art. 7 BewG) wurden nicht geändert (hinten Rz 88 ff.). Dies gilt im wesentlichen auch für die Regelung der allgemeinen Bewilligungsgründe in Art. 8 BewG (hinten Rz 97 ff.). 42

b) **Zusätzliche kantonale Bewilligungsgründe**

Die Kompetenz der Kantone, im Bereich des sozialen Wohnungsbaus und der Zweitwohnungen weitere kantonale Bewilligungsgründe zu statuieren, blieb in der Revision unangetastet. Dies gilt auch für Wohneinheiten in Apparthotels (hinten Rz 109 ff.). 43

c) Zwingende Verweigerungsgründe

44 Auch die zwingenden Verweigerungsgründe gemäss Art. 12 BewG blieben mit Ausnahme der Streichung von lit. e dieser Bestimmung (Grundstücke in der Nähe einer wichtigen militärischen Anlage) unverändert (hinten Rz 120 ff., 184 ff.).

d) Ferienwohnungen

45 Der Erwerb von Ferienwohnungen durch Ausländer ist nach wie vor bewilligungspflichtig. Das bisherige Kontingents-System gilt weiterhin (hinten Rz 116 ff.).

e) Kapitalanlage in bewilligungspflichtige Grundstücke

46 Kapitalanlagen von Ausländern in Immobilien in der Schweiz sind nur zulässig, wenn das Grundstück als Betriebsstätte dient. Alle anderen Kapitalanlagen sind nach wie vor bewilligungspflichtig und grundsätzlich nicht bewilligungsfähig. Dies gilt insbesondere für Investitionen in Mehrfamilienhäuser, Überbauungen mit mehreren Einfamilienhäusern, nicht wohnanteilgeschützte Wohnungen sowie unüberbautes Bauland (hinten Rz 134 ff.).

f) Immobiliengesellschaften, Immobilienanlagefonds

47 Der Erwerb und das Halten von Anteilen an Immobiliengesellschaften bzw. Immobilienanlagefonds (zu letzteren hinten Rz 183) blieb von der Lockerung der Lex Friedrich weitgehend ausgeklammert. Der Wortlaut der diesbezüglichen Gesetzesvorschriften erfuhr keinerlei Änderung. Gestrichen wurde aber Art. 4 Abs. 1 lit. d altBewG über die sog. «Immobiliengesellschaften im weiteren Sinn» (hinten Rz 164 f.). Inhaltliche Änderungen, namentlich bei der Interpretation des Begriffes «Immobiliengesellschaft im engeren Sinn» (Art. 4 Abs. 1 lit. e BewG), ergeben sich allerdings aufgrund der Gesetzesauslegung (hinten Rz 167 ff.).

§ 2 Grundlagen

I. Einleitung

Massgebend für die Interpretation der Lex Koller und insbesondere der von ihr unverändert übernommenen Begriffe ist immer der zentrale Grundgedanke der Revision, nämlich die Unterscheidung der Grundstücke nach dem Zweck, welchem sie dienen (hinten Rz 136). 48

II. Bewilligungspflicht

1. Grundsatz

Unverändert ist nach dem BewG eine Bewilligung der zuständigen kantonalen Behörde (Art. 2 Abs. 1 BewG) Gültigkeitsvoraussetzung für ein Erwerbsgeschäft, wenn keine Ausnahme von der Bewilligungspflicht vorliegt (Art. 2 Abs. 2 lit. a und b und Abs. 3 sowie Art. 7 BewG), es sich beim Erwerber um eine Person im Ausland im Sinne von Art. 5 Abs. 1 BewG handelt (subjektive Voraussetzung) und ein Grundstückerwerb im Sinne von Art. 4 BewG vorliegt (objektive Voraussetzung). 49

Einen wesentlichen Einbruch in das bisherige System der allgemeinen Bewilligungspflicht bringt die Lex Koller durch die beiden neuen, in den Absätzen 2 und 3 des Art. 2 BewG geregelten Ausnahmetatbestände über die Betriebsstätte-Grundstücke und die Hauptwohnungen. Diese beiden Absätze, das eigentliche Kernstück der Revision 1997, werden hinten in den Rz 130 ff. und 150 ff. eingehend beleuchtet. 50

In Art. 3 Abs. 1 BewG sind die Bewilligungsgründe vom Gesetz abschliessend aufgezählt. Den Kantonen belässt auch die Lex Koller zur Wahrung ihrer unterschiedlichen Interessen die ausdrückliche Kompetenz, in bestimmten bundesrechtlich vorgegebenen Anwendungsbereichen zusätzliche Bewilligungsgründe einzuführen (Art. 9 BewG) oder weitere Beschränkungen vorzusehen (Art. 13 BewG). 51

2. Erwerb von Grundstücken

a) Wirtschaftliche Betrachtungsweise

52 Das Gesetz definiert in Art. 4 BewG, was es unter Erwerb von Grundstücken versteht. Unverändert fällt darunter jeder Erwerb von Grundstücken in einem eigenen, rein von den tatsächlichen Wirkungen her zu betrachtenden weiten Sinn. Die Lex Koller (wie schon die Lex Friedrich) versteht unter Grundstückerwerb jede Möglichkeit, die es einer Person erlaubt, in irgendeiner Art – und zwar wirtschaftlich gesehen – auf ein Grundstück zu greifen und darüber die faktische Verfügungsmacht zu erlangen.

53 Eine Handänderung zwischen Ausländern untersteht der Bewilligungspflicht gleich wie der Erwerb eines Ausländers von einem Schweizer. Die Tatsache, dass das zu erwerbende Grundstück bereits in ausländischer Hand ist, hat auf die Bewilligungspflicht und die Rechtsstellung des Erwerbers keinen Einfluss (BGE 103 Ib 182).

b) Eigentum und gleichgestellte Rechte

54 Zunächst ist unter «Erwerb eines Grundstücks» der Übergang des Eigentumsrechts oder eines anderen, dem Eigentum diesbezüglich gleichgestellten Rechts an einem Grundstück zu verstehen. Als Erwerb von Eigentum gilt auch der Erwerb von Miteigentum (Art. 646 ff. ZGB), von Gesamteigentum (Art. 652 ff. ZGB) sowie von Stockwerkeigentum (Art. 712a ff. ZGB).

55 Neben dem Erwerb des Eigentums fallen darunter aber auch alle anderen Rechte, die dem Erwerber eine ähnliche Stellung wie dem Eigentümer eines Grundstücks verschaffen. Dazu gehören:

- Der Erwerb eines Baurechts, eines Wohnrechts oder der Nutzniessung an einem Grundstück;

- die Begründung und Ausübung eines Kaufs-, Vorkaufs- oder Rückkaufsrechts;

- der Abschluss langfristiger Verträge, wie Miete oder Pacht eines Grundstücks, wenn die Abreden (z.B. hinsichtlich Entgelt oder Dauer) den Rahmen des gewöhnlichen oder kaufmännischen Geschäftsverkehrs sprengen und den Vermieter oder Verpächter in eine besondere Abhängigkeit vom Mieter oder Pächter bringen;

- die Finanzierung des Kaufs oder der Überbauung eines Grundstücks, wenn die Abreden, die Höhe der Kredite oder die Vermögensverhältnisse den Käufer oder Bauherrn in eine besondere Abhängigkeit vom Gläubiger bringen, sowie
- die Begründung von Bauverboten und ähnlichen Eigentumsbeschränkungen mit dinglicher oder obligatorischer Wirkung, welche ein Nachbargrundstück betreffen und den Berechtigten in eine eigentümerähnliche Stellung bringen (Art. 1 Abs. 2 BewV).

c) **Handelsrechtliche Erwerbsformen**

Unverändert gilt auch der Erwerb des Eigentums oder der Nutzniessung an einem Anteil an einem Immobilienanlagefonds oder an einem ähnlichen Vermögen, sofern deren Anteilscheine auf dem Markt nicht regelmässig gehandelt werden, als Erwerb eines Grundstücks. 56

Im Zuge der Revision 1997 wurde Art. 4 Abs. 1 lit. b BewG an die neue Bestimmung von Art. 2 Abs. 2 lit. a BewG angepasst: Weil der Erwerb von Grundstücken, die der Ausübung einer wirtschaftlichen Tätigkeit eines Unternehmens dienen, in keinem Fall mehr der Bewilligungspflicht unterliegt, ist die Beteiligung an einer vermögensfähigen Gesellschaft ohne juristische Persönlichkeit nur noch bewilligungspflichtig, wenn deren tatsächlicher Zweck der Erwerb von oder der Handel mit Grundstücken ist (hinten Rz 163). Das gleiche gilt für den Erwerb von Anteilen an einer juristischen Person. Darum konnte Art. 4 Abs. 1 lit. d BewG, welcher nach altem Recht den Erwerb von Anteilen an Betriebsstätte-Gesellschaften regelte, ersatzlos gestrichen werden (hinten Rz 165). 57

Fällt die Beteiligung an einer juristischen Person unter die Bewilligungspflicht, so gilt auch bereits die Beteiligung an der Gründung und, sofern der Erwerber damit seine Stellung verstärkt, an einer Kapitalerhöhung als Erwerb von Grundstücken (Art. 1 Abs. 1 lit. a BewV; hinten Rz 181 f.). Das Aktienrecht unterscheidet seit seiner Revision zwischen ordentlicher, genehmigter und bedingter Kapitalerhöhung. Die Beteiligung an einer bedingten bzw. genehmigten Kapitalerhöhung kann unseres Erachtens aber für die Lex Koller erst bei der Entstehung des Kapitals (und nicht schon bei seiner Schaffung durch die Generalversammlung) relevant werden. Mit der blossen Schaffung des Kapitals erfolgt noch keine Stärkung der Beteiligungsposition. 58

§ 2 Grundlagen

d) Vermögensübernahme und Fusion

59 Gemäss Art. 1 Abs. 1 lit. b BewV erfüllt auch die Übernahme eines Grundstücks, das nicht bewilligungsfrei erworben werden kann, zusammen mit einem Vermögen oder Geschäft (Art. 181 OR) oder durch Fusion (Art. 748 ff. und 914 OR), Umwandlung oder Aufspaltung von Gesellschaften den Erwerbstatbestand, sofern sich dadurch die Rechte des Erwerbers an diesem Grundstück vermehren. Auch hier gilt also, dass die Übernahme des Grundstücks für den Erwerber zu einem Mehrerwerb von Rechten an diesem Grundstück führen muss (siehe vorn Rz 58). So entfällt die Bewilligungspflicht z.b. für einen Grundstückerwerb infolge Fusion einer Immobiliengesellschaft mit ihrer Schwestergesellschaft, die beide zu hundert Prozent der gleichen (ausländischen oder ausländisch beherrschten) Muttergesellschaft gehören. Gleiches gilt für die Umwandlung einer Immobilien-GmbH in eine Immobilien-AG oder eine konzerninterne Ausgliederung in eine neue Immobiliengesellschaft. In all diesen Fällen ändert sich bezüglich der ausländischen Beherrschung des Grundbesitzes nichts.

e) Sitzverlegung ins Ausland

60 Als Erwerb eines Grundstücks gilt auch, wenn eine juristische Person oder vermögensfähige Gesellschaft ohne juristische Persönlichkeit ihren statutarischen oder tatsächlichen Sitz ins Ausland verlegt und Rechte an einem Grundstück, das nicht bewilligungsfrei erworben werden kann, beibehält (Art. 4 Abs. 2 BewG). Durch die Sitzverlegung ins Ausland wird ein solches Rechtsgebilde von Gesetzes wegen automatisch zu einer Person im Ausland (hinten Rz 61 ff.) und zwar unabhängig davon, ob die beteiligten Aktionäre oder Gesellschafter Schweizer oder Ausländer im Sinne des Gesetzes sind.

3. Personen im Ausland

61 Als Personen im Ausland gelten die folgenden:

a) Natürliche Personen

62 Natürliche Personen, die nicht das Recht haben, sich in der Schweiz niederzulassen, gelten als Personen im Ausland. Das sind alle Personen, die weder Schweizer Bürger sind, noch über eine gültige Niederlassungsbewilligung, d.h. einen grünen Ausländerausweis C (Art. 2 BewV), verfügen. Weiterhin

II. Bewilligungspflicht

knüpft Art. 5 BewG also an das Recht des Schweizer Bürgerrechts bzw. an dasjenige auf Niederlassung an.

Die Frage des Wohnsitzes ist demgegenüber nur indirekt von Bedeutung, indem die Niederlassungsbewilligung nur denjenigen Ausländern erteilt werden kann, die auch tatsächlich in der Schweiz wohnen. Indem also die Lex Koller an die Niederlassungsbewilligung anknüpft, wird für den Ausländer der Wohnsitz in der Schweiz im Sinne von Art. 23 ff. ZGB zum zusätzlichen materiellen Erfordernis (vgl. auch Art. 5 Abs. 1 BewV; hinten Rz 153 ff.). Verfahrensrechtlich bedeutet dies, dass der Grundbuchverwalter bzw. Handelsregisterführer vor einem direkten Eintrag auch eine Wohnsitzbestätigung einverlangen muss (hinten Rz 217 ff.). 63

Negativ ausgedrückt ist der Bewilligungspflicht weiterhin der Schweizer Bürger nicht unterstellt und zwar unbesehen davon, ob er sich in der Schweiz oder im Ausland aufhält. Auch Auslandschweizer bleiben von der Bewilligungspflicht ausgenommen. Damit blieb dieser in der Abstimmung vom 25. Juni 1995 so umstrittene Punkt, nämlich der Wechsel vom Heimat- zum Wohnsitzprinzip, von der Lex Koller ausgeklammert. 64

Unschädlich für die Ausklammerung von der Bewilligungspflicht ist auch das Vorhandensein mehrerer Bürgerrechte. Schweizer Büger mit einem anderen Bürgerrecht sind der Bewilligungspflicht ebenfalls nicht unterstellt (ZBGR 66/1985, S. 198). 65

Die Voraussetzungen für die Erteilung der Niederlassungsbewilligung werden nicht im BewG, sondern in den entsprechenden Bestimmungen des Bundesgesetzes über Aufenthalt und Niederlassung der Ausländer vom 26. März 1931 (ANAG, SR 142.20) und den dazugehörigen eidgenössischen und kantonalen Erlassen, bzw. – wo vorhanden – in den entsprechenden Staatsverträgen, geregelt. 66

Ausländer, die für ihren rechtmässigen Aufenthalt keiner Bewilligung der Fremdenpolizei bedürfen, unterliegen der Bewilligungspflicht für den Erwerb von Grundstücken grundsätzlich wie Ausländer, die einer Bewilligung der Fremdenpolizei bedürfen (Art. 2 BewV). Eine bedeutende Ausnahme gilt für diesen Personenkreis aber hinsichtlich der Berechtigung, eine Hauptwohnung am Ort des rechtmässigen und tatsächlichen Wohnsitzes bewilligungsfrei erwerben zu können: Personen im Dienste diplomatischer Missionen, konsularischer Posten, internationaler Organisationen mit Sitz in der Schweiz und ständiger Missionen bei diesen Organisationen sowie Personen im Dienste von Betriebsstellen ausländischer Bahn-, Post- und Zollverwaltungen mit Sitz in der Schweiz sind für die Rechtmässigkeit ihres Wohnsitzes vom Er- 67 fordernis einer gültigen Aufenthaltsbewilligung befreit, sofern sie über eine entsprechende Legitimationskarte des Eidgenössischen Departementes für auswärtige Angelegenheiten oder einen entsprechenden Dienstausweis verfügen. An die Stelle der gültigen Aufenthaltsbewilligung tritt bei diesem Personenkreis die sog. «andere Berechtigung» als Voraussetzung für die Rechtmässigkeit des Wohnsitzes (Art. 5 Abs. 2 und 3 BewV; hinten Rz 156 f.).

b) **Juristische Personen, Kollektiv- und Kommanditgesellschaften**

68 Als «Ausländer» gelten auch juristische Personen (Vereine, Aktiengesellschaften, Kommanditaktiengesellschaften, GmbH's, Genossenschaften und Stiftungen) oder vermögensfähige Gesellschaften ohne juristische Persönlichkeit (Kollektiv- und Kommanditgesellschaften), die ihren statutarischen oder tatsächlichen Sitz im Ausland haben. Daran vermag auch eine allenfalls gegebene schweizerische Beherrschung des entsprechenden Gesellschafts- bzw. Stiftungskapitals nichts zu ändern.

69 Wie schon das Zivilrecht (Art. 56 ZGB) oder das Steuerrecht geht auch die Lex Koller davon aus, dass neben dem statutarischen ein tatsächlicher Sitz einer Gesellschaft bestehen kann. Unter diesem ist der Ort zu verstehen, an dem die tatsächliche Leitung der Gesellschaft erfolgt. Dies ist der Ort, an dem sich das für die Leitung der juristischen Person massgebliche Gremium (zu denken ist dabei namentlich auch an die sog. faktischen Organe) regelmässig versammelt. Schwierig zu beurteilen sind in diesem Zusammenhang Konzernverhältnisse, bei denen die eigentlichen Direktiven für die Geschäftstätigkeit der schweizerischen Tochter von einer ausländischen Muttergesellschaft ausgehen. Ein Sitz im Ausland darf in diesen Fällen unseres Erachtens erst dann angenommen werden, wenn der Sitz in der Schweiz bloss aus inhaltslosen Äusserlichkeiten besteht und überhaupt keine Eigenständigkeit entfaltet. Vor dem Hintergrund des neuen Aktienrechts mit seiner verstärkten Verantwortung für den Verwaltungsrat wird dies zum vornherein nur dann in Betracht kommen, wenn sich der Verwaltungsrat der Schweizer Gesellschaft ausschliesslich aus weisungsgebundenen Angestellten der ausländischen Muttergesellschaft zusammensetzt.

70 Existiert ein solcher tatsächlicher Sitz, geht er für die Belange der Lex Koller dem statutarischen vor. Art. 5 Abs. 1 lit. b BewG ist trotz der alternativ gewählten Formulierung (statutarischer oder tatsächlicher Sitz) kumulativ zu verstehen (vgl. auch die kumulative Formulierung [statutarischer und tatsächlicher Sitz] in Art. 5 Abs. 1 lit. c BewG).

c) Rechtsgebilde mit schweizerischem Sitz, aber ausländischer Beherrschung

Personen im Ausland im Sinne von Art. 5 BewG sind auch juristische Personen oder vermögensfähige Gesellschaften, die zwar ihren statutarischen und tatsächlichen Sitz in der Schweiz haben, in denen aber Personen im Ausland eine beherrschende Stellung innehaben (hinten Rz 73 ff.).

71

d) Treuhandverhältnisse

Die Lex Koller regelt schliesslich in Art. 5 BewG («Personen im Ausland»), dass im Falle von Treuhandgeschäften nicht der auftretende schweizerische Strohmann, sondern der dahinter stehende sog. «beneficial owner» massgebend und die auf Rechnung des wahren Berechtigten auftretende Person daher folgerichtig als Person im Ausland zu qualifizieren ist. Verfahrensrechtlich bedeutet dies, dass nicht der Treugeber, sondern der Schweizer Treuhänder der Bewilligungspflicht unterliegt und damit auch Ausgangspunkt und Adressat des ganzen Verfahrens bildet. Dies hat als Besonderheit zur Folge, dass zwar der schweizerische Treuhänder Bewilligungsträger ist, die Voraussetzungen für eine Bewilligungserteilung jedoch bei einer anderen Person, dem dahinterstehenden Ausländer, erfüllt sein müssen.

72

4. Beherrschende Stellung

a) Generalklausel

Der zentrale Art. 6 BewG («Beherrschende Stellung») ist von der Lex Koller unverändert übernommen worden. Eine Person im Ausland hat – dies im Sinn einer Generalklausel – dann eine beherrschende Stellung inne, wenn sie aufgrund ihrer finanziellen Beteiligung, ihres Stimmrechts oder aus anderen Gründen allein oder gemeinsam mit anderen Personen im Ausland die Verwaltung oder Geschäftsführung entscheidend beeinflussen kann.

73

«Entscheidend beeinflussen» kann, wer selber die wesentlichen Entscheidungen trifft, oder mindestens eine Mitentscheidungsmöglichkeit hat. Allem voran ist dabei an das faktische Organ, den «Drahtzieher» im Hintergrund, zu denken. Aber auch wer regelmässig kontaktiert und um Rat gefragt wird, beeinflusst entscheidend. Die Frage der entscheidenden Einflussmöglichkeit ist also nicht unter einem formalrechtlichen, sondern unter einem vorwiegend ökonomischen Blickwinkel zu betrachten (BGE 109 Ib 105). Beherrschen

74

§ 2 Grundlagen

kann zudem auch derjenige, der die Mittel dazu gemeinsam mit andern innehat.

75 Ob von der Möglichkeit der Einflussnahme auch tatsächlich Gebrauch gemacht wird, ist vom Gesetz nicht vorausgesetzt. Es genügt für die Annahme der beherrschenden Stellung das blosse Vorhandensein der Einflussmöglichkeit.

76 Die Mittel, die zu einer beherrschenden Stellung führen, können verschiedenster Art sein. Das Gesetz bezeichnet die finanzielle Beteiligung, das Stimmrecht und eben andere Gründe als tauglich und genügend.

b) Stimmrechtmässige Beherrschung

77 Der vom Gesetzgeber durch das am 1. Juli 1992 in Kraft getretene revidierte Aktienrecht geschaffene Konflikt, dass ausländische Aktionäre einer schweizerischen AG als Aktionäre ohne Stimmrecht im Aktienbuch der Gesellschaft eingetragen werden müssen, wurde wie folgt gelöst: Aktionäre ohne Stimmrecht sind, wie auch die Partizipanten, bei der Ermittlung der ausländischen Beherrschung einer Aktiengesellschaft nach den Bestimmungen von Artikel 6 BewG nicht zu berücksichtigen (Schreiben des Bundesamtes für Justiz an die kantonalen Bewilligungsbehörden, Grundbuchverwalter und Handelsregisterführer vom 21. Dezember 1993). Eine AG, die in Anwendung der aktienrechtlichen Vorschrift ihre ausländischen Aktionäre als Aktionäre ohne Stimmrecht im Aktienbuch einträgt, darf daher von der Lex Koller allein aus diesem Grund nicht als ausländisch beherrscht angesehen werden. Eine ausländische Beherrschung kann sich aber aus anderen Gründen ergeben.

78 Unter Stimmrecht ist jedes Stimmrecht in einem entscheidenden Organ einer juristischen Person oder Personengesellschaft zu verstehen. Im Fall treuhänderischer Ausübung des Stimmrechts gilt, dass überall dort, wo klare Anzeichen dafür bestehen, dass das Stimmrecht in ausländischem Interesse ausgeübt wird, dann auf ausländische Beherrschung geschlossen werden darf, wenn der ausländische Einfluss eine bestimmte Stärke erreicht.

c) Finanzielle Beteiligung

79 Unter «finanzieller Beteiligung» ist, wie schon in der Lex Friedrich, wohl auch in der Lex Koller nur das Zuführen von Eigenkapital (worunter bei ungewöhnlichen Finanzierungsverhältnissen auch Aktionärsdarlehen fallen),

nicht aber auch das Zurverfügungstellen von rückzahlbaren Mitteln zu verstehen. Eine aussergewöhnlich hohe Gewährung von Fremdmitteln kann aber den Tatbestand der Beherrschung «aus anderen Gründen» erfüllen (hinten Rz 80 und 85). Zur Untersuchungspflicht der Bewilligungsbehörde über die Herkunft der finanziellen Mittel: BGE 113 Ib 289 ff.

d) **Beherrschung aus anderen Gründen**

Mit der Formulierung «aus anderen Gründen» wurde ein Auffangtatbestand für all jene Fälle geschaffen, die nicht schon unter die finanziellen und stimmrechtsmässigen Beherrschungsfälle zu subsumieren sind. Zu denken ist namentlich an den Abschluss von Verträgen, z.b. Aktionärbindungsverträge, Exklusiv- und Lizenzverträge sowie langfristige Mietverträge (BGE 101 Ib 391, 109 Ib 105) oder Leasingverträge. Zu einer Beherrschung aus anderen Gründen können vor allem aber auch Kredit- und Darlehensfinanzierungen führen. Auch die finanzielle Absicherung eines Erwerbsgeschäftes durch Schuldbeitritt, das Stellen von Garantien oder Bürgschaften kann den Tatbestand erfüllen. Sowohl beim Abschluss von langfristigen Mietverträgen, als auch bei der Gewährung von Fremdfinanzierungen ist zudem zu beachten, dass der Abschluss solcher Verträge unter Umständen ein bewilligungspflichtiges Erwerbsgeschäft im Sinne von Art. 4 Abs. 1 lit. g BewG sein kann (vorn Rz 55). Als Auslegungshilfe für die Beurteilung des Ausmasses einer Beherrschung kann daher immer auch Art. 1 Abs. 2 BewV herangezogen werden. 80

e) **Gesetzliche Vermutungen bei juristischen Personen**

Neben der Generalklausel enthält Art. 6 Abs. 2 BewG einzelne Voraussetzungen, bei deren Vorhandensein eine gesetzliche Vermutung für das Vorliegen einer beherrschenden Stellung über eine juristische Person greift. Dabei handelt es sich um widerlegbare Vermutungen, die durch den Beweis des Gegenteils beseitigt werden können (BGE 104 Ib 13). Zu denken ist etwa an den Fall eines konzentrierten schweizerischen Aktienbesitzes, dem ein weitgestreuter Aktienbesitz im Ausland gegenübersteht (ZBGR 56/1975, S. 383). Die gesetzlichen Vermutungen sind auch deshalb von Bedeutung, weil aus ihnen e contrario geschlossen werden darf, dass bei Nichtvorhandensein der darin genannten Voraussetzungen (und dem Nicht-Vorliegen anderer Beherrschungssachverhalte) keine ausländische Beherrschung vorliegt. 81

§ 2 Grundlagen

82 Die gesetzliche Vermutung ist erfüllt, wenn mehr als ein Drittel des Kapitals einer AG, einer GmbH oder einer Genossenschaft in ausländischen Händen liegt. Der Drittel ist unseres Erachtens vom gesamten, tatsächlich geschaffenen Kapital (also ohne Einbezug von bedingtem oder genehmigtem, jedoch unter Einbezug von Partizipationsschein- oder Genussscheinkapital) zu berechnen. Aufgrund der eindeutigen gesetzlichen Formulierung dürfen Aktionärsdarlehen bei der Bestimmung dieser Drittelsgrenze nicht mitgerechnet werden. Das Nebeneinander von ausländischem Kapitalanteil und ausländischen rückzahlbaren Mitteln kann jedoch unter der Generalklausel von Art. 6 Abs. 1 BewG zu einer ausländischen Beherrschung führen (vorn Rz 80).

83 Des weiteren erfüllt die gesetzliche Vermutung, wer über mehr als einen Drittel der Stimmen in der General- oder Gesellschafterversammlung einer AG, einer GmbH, einer Genossenschaft oder eines Vereins besitzt. Der Drittel muss unseres Erachtens vom Total der stimmberechtigten Aktien (also nach Abzug nicht stimmberechtigter eigener Aktien, Aktien bei denen das Stimmrecht ruht und im Aktienbuch eingetragener ausländischer Aktien ohne Stimmrecht, jedoch unter Einbezug von altrechtlichen Sicherstellungsaktien, auch wenn mit diesen freiwillig von der Gesellschaft nicht gestimmt wird) berechnet werden. Ob sich die Stimmrechte direkt aus einem gesellschafts- oder indirekt aus einem obligationenrechtlichen Verhältnis (z.B. aufgrund eines Pool- oder Aktionärbindungsvertrages) ergeben, spielt unseres Erachtens keine Rolle. Eine gewisse Ungleichbehandlung ergibt sich im schweizerischen Rechtssystem dadurch, dass das Bankengesetz bei Banken eine ausländische Beherrschung erst dann annimmt, wenn Ausländer mit mehr als der Hälfte der Stimmen an ihr beteiligt sind.

84 Die gesetzliche Vermutung erfüllt auch, wer die Mehrheit des Stiftungsrates oder der Begünstigten einer Stiftung des privaten Rechts stellt. Dass die Mehrheit der Begünstigten Personen im Ausland sind, dürfte auch bei Personalfürsorgeeinrichtungen ausländischer Unternehmen in der Schweiz kaum jemals vorkommen. Die Beherrschung eines Stiftungsrates ist jedoch nach (allzu strenger) bundesgerichtlicher Rechtsprechung schon dann anzunehmen, wenn die ausländische Stifterfirma (vor allem bei patronalen Stiftungen) mehrheitlich Angestellte, die durchaus auch Schweizer sein können, in den Stiftungsrat entsendet (BGE 104 Ib 14). Dagegen genügt die alleinige Tatsache, dass hinter der Stiftung eine ausländische Stifterfirma steht, nicht für den Eintritt der gesetzlichen Vermutung.

85 Schliesslich beherrscht vermutungsweise eine juristische Person, wer dieser rückzahlbare Mittel zur Verfügung stellt, die mehr als die Hälfte der Differenz zwischen den Aktiven der juristischen Person und ihren Schulden ge-

genüber nicht bewilligungspflichtigen Personen ausmachen. Die ausländischen Mittel dürfen also die Hälfte der Aktiven vermindert um das schweizerische Fremdkapital nicht übersteigen. Oder anders ausgedrückt: Je höher das Eigenkapital und je kleiner das schweizerische Fremdkapital, desto höher sind die zulässigen ausländischen Fremdmittel. Der Auslandanteil an den Fremdmitteln kann somit maximal die Höhe des Eigenkapitals erreichen, solange dieses nicht mehr als 50% der Bilanzsumme ausmacht und zudem das schweizerische Fremdkapital Null beträgt.

f) Gesetzliche Vermutungen bei Kollektiv- oder Kommanditgesellschaften

Während bei einer Kollektivgesellschaft jeder Gesellschafter für die Schulden der Gesellschaft subsidiär unbeschränkt haftet (Art. 552 Abs. 1 OR), kennt die Kommanditgesellschaft zwei Arten von Gesellschaftern: Die ebenfalls unbeschränkt haftenden Komplementäre und die nur bis zu einer eingetragenen Kommanditsumme beschränkt haftenden Kommanditäre (Art. 594 Abs. 1 OR). Ist ein Kollektivgesellschafter oder ein Komplementär Ausländer, wird die ausländische Beherrschung der Gesellschaft vermutet. 86

Das gleiche tritt ein, wenn der (beschränkt haftende) Kommanditär einer Gesellschaft Mittel (gemeint sind Kommanditeinlagen) zur Verfügung stellt, die einen Drittel der Eigenmittel der Gesellschaft übersteigen, oder wenn der Gesellschaft oder unbeschränkt haftenden Gesellschaftern rückzahlbare Mittel zur Verfügung gestellt werden, die mehr als die Hälfte der Differenz zwischen den Aktiven der Gesellschaft und ihren Schulden gegenüber nicht bewilligungspflichtigen Personen ausmachen. Bei der Auslegung dieser Bestimmung ist zu fordern, dass die einem unbeschränkt haftenden Gesellschafter von einem Ausländer zur Verfügung gestellten Mittel mit der Gesellschaft selbst oder dem beabsichtigten Grundstückerwerb in Zusammenhang stehen müssen. Bei anderer Auslegung würde die Bestimmung weit über ihren Zweck hinausschiessen. 87

III. Übrige Ausnahmen von der Bewilligungspflicht

1. Aufbau des Gesetzes

Durch die Aufnahme der neuen Ausnahmen von der Bewilligungspflicht im Bereich Betriebsstätte-Grundstücke und Hauptwohnungen in Art. 2 BewG 88 musste die Überschrift von Art. 7 in «Übrige Ausnahmen von der Bewilligungspflicht» geändert werden. Zudem wurde in die letztgenannte Bestimmung eine neue lit. i eingefügt, welche die Liquidation von Immobiliengesellschaften erleichtert, die vor dem Inkrafttreten der Lex Furgler gegründet worden sind (hinten Rz 189 ff.).

2. Ausnahmefälle

89 Im übrigen übernahm die Lex Koller den bisherigen Art. 7 BewG unverändert. Weiterhin bedürfen damit keiner Bewilligung:

90 • Gesetzliche und potentielle Erben für Grundstückerwerbe im Erbgang (vgl. Art. 457 ff. ZGB). Als solche gelten der Ehegatte und alle Verwandten, die als Erben in Betracht fallen könnten, und somit auch eingesetzte Erben und Vermächtnisnehmer, die zu einer weiter entfernten, noch erbberechtigten Parentel gehören (BGE 108 Ib 425). Die Erbquote ist für die Frage der Bewilligungspflicht nicht massgebend (Ziff. 51 der Wegleitung für die Grundbuchämter).

Für einen Grundstückerwerb im Erbgang ist erforderlich, dass der Erwerb tatsächlich aus Erbrecht erfolgen muss, was wiederum einen Erbgang und damit den Tod des Erblassers voraussetzt. Eine Zuwendung unter Lebenden im Rahmen eines erbrechtlichen Vorbezuges begründet keine Ausnahme von der Bewilligungspflicht.

91 • Verwandte (blutsverwandt oder adoptiert) des Veräusserers in auf- und absteigender (gerader) Linie sowie dessen Ehegatte für jeden Erwerb untereinander, also auch unter Lebenden. Hingegen sind Seitenverwandte im Zusammenhang mit der Übertragung eines Grundstücks, z.B. unter Geschwistern, nur befreit, wenn sie bereits Mit- oder Gesamteigentum am Grundstück haben.

92 • Stockwerkeigentümer beim Tausch von Stockwerken im selben Objekt. Diesem Ausnahmetatbestand muss ein Tausch im Sinne von Art. 237 OR zugrunde liegen; es müssen also zumindest annähernd gleichwertige Objekte zum Austausch gelangen. Ein bewilligungsfreier Tausch ist auch dann möglich, wenn sich die Wohnung zwar nicht auf dem gleichen Stammgrundstück, aber innerhalb derselben Gesamtüberbauung befindet (Ziff. 54 der Wegleitung für die Grundbuchämter).

93 • Geringfügige Erwerbe, z.B. zufolge Grenzbereinigung (bis ca. 100 m^2) oder infolge einer Erhöhung der Wertquoten von Stockwerkeigentum

(bis ca. 20%). Führt ein Tausch von Wohnungen oder eine Grenzbereinigung allerdings dazu, dass die zulässige Fläche überschritten wird, so entfällt die für diesen Erwerb vorgesehene Ausnahme von der Bewilligungspflicht, und der Grundbuchverwalter hat den Erwerber an die Bewilligungsbehörde zu verweisen (Art. 10 Abs. 5 BewV).

- Erwerbe eines Grundstücks als Realersatz bei einer Enteignung, Landumlegung oder Güterzusammenlegung; in den letzten Fällen allerdings nur, wenn es sich um Meliorationen nach kantonalem oder Bundesrecht handelt. 94

- Erwerbe eines Grundstücks als Ersatz für ein anderes, das an eine öffentlichrechtliche Körperschaft oder Anstalt veräussert wurde. 95

- Grundstückerwerbe durch ausländische Staaten oder internationale Organisationen des Völkerrechts zu einem in der Schweiz anerkannten öffentlichen Zweck. Eine Sonderbestimmung erlaubt schliesslich, bestimmte Ausländer von der Bewilligungspflicht auszunehmen, wenn das staatspolitische Interesse des Bundes dies gebietet. In beiden Fällen handelt es sich um politische Fragen, weshalb dafür auch der Bundesrat (Art. 16 Abs. 1 lit. a BewG) bzw. das Eidgenössische Departement für auswärtige Angelegenheiten (EDA) zuständig ist (Art. 16 Abs. 2 BewG). 96

IV. Bewilligungsgründe

1. Bundesrechtliche Bewilligungsgründe

a) Allgemeines

Die wohl gewichtigste Änderung der Lex Koller beschlägt den Art. 8 Abs. 1 lit. a BewG («Erwerb von Betriebsstätten»), der als Bewilligungsgrund aufgehoben und neu – allerdings mit einer bedeutenden Modifikation (Befreiung von der Betreiberpflicht; hinten Rz 137) – unter den bewilligungsfreien Tatbeständen in Art. 2 Abs. 2 lit. a BewG aufgenommen wurde. 97

Weiterhin sind im übrigen in Art. 8 BewG die allgemeinen, von Bundesrechts wegen geltenden Bewilligungsgründe aufgeführt. Die Kantone und Gemeinden haben in diesem Bereich keine Legiferierungskompetenzen. Liegt ein Bewilligungsgrund vor und ist nicht gleichzeitig ein Verweigerungsgrund gegeben, besteht ein Anspruch auf eine Bewilligungserteilung. Immerhin ist zu beachten, dass gemäss Art. 17 Abs. 1 BewG der Erwerber auch in diesen Fäl- 98 len sofort nach dem Abschluss des Rechtsgeschäftes bzw. des Erwerbs um die entsprechende Bewilligung nachzusuchen hat.

b) Ausländische Versicherungsgesellschaften

99 Als Sondertatbestand aus dem Bereich des Versicherungswesens bewilligt die Lex Koller ausländischen und ausländisch beherrschten, in der Schweiz zum Geschäftsbetrieb zugelassenen Versicherungseinrichtungen weiterhin den Erwerb von Grundstücken in der Schweiz auch als reine Kapitalanlage. Voraussetzung ist, dass die allgemein anerkannten Anlagegrundsätze (Sicherheit, Rentabilität, Liquidität, Risikostreuung) beachtet werden und der Wert aller Grundstücke des Erwerbers die von der Versicherungsaufsichtsbehörde als technisch notwendig erachteten Rückstellungen für das Schweizer Geschäft nicht übersteigt.

100 Art. 11 Abs. 2 lit. c. BewV sieht als anzumerkende Auflage bei Grundstükken, die als Kapitalanlage ausländischer Versicherer, der Personalvorsorge, gemeinnützigen Zwecken oder dem sozialen Wohnungsbau dienen, eine vom Erwerb an gerechnete zehnjährige Sperrfrist für die Wiederveräusserung vor.

c) Ausländische Personalvorsorgeeinrichtungen

101 Ausländische Personalvorsorgeeinrichtungen können zu Anlagezwecken alle Arten schweizerischer Grundstücke (also auch Wohnbauten) erwerben, allerdings nur solche, die der Personalvorsorge des in der Schweiz beschäftigten Personals dienen. Ein ausländischer Betrieb kann also nicht in der Schweiz eine Personalvorsorgeeinrichtung unterhalten und mit dieser beliebig Grundstücke erwerben, die zur Vorsorge auch des im Ausland beschäftigten Personals dienen. Zudem müssen die Personalvorsorgeeinrichtungen bezüglich des zu erwerbenden Grundstücks von der direkten Bundessteuer befreit sein. Nachdem hier eine steuerrechtliche Frage zu beurteilen ist, verlangt Art. 19 Abs. 1 lit. c BewV, dass die Bewilligungsbehörde vor ihrem Entscheid die Stellungnahme der kantonalen Steuerbehörde (welcher der Vollzug des Gesetzes über die direkte Bundessteuer obliegt) einzuholen hat.

102 Für die Sperrfrist gilt das zu den Versicherungsgesellschaften Gesagte (vorn Rz 100).

d) Pfandsicherung ausländischer Banken und Versicherungseinrichtungen

Ausländische Banken und Versicherungseinrichtungen dürfen den Erwerb von Grundstücken in der Schweiz finanzieren und sich entsprechend (Grund-) Pfandrechte einräumen lassen. Sie bedürfen dafür keiner Bewilligung, solange ihnen die Modalitäten der Finanzierung nicht eine eigentümerähnliche Stellung verschaffen und damit unter den Bewilligungstatbestand von Art. 4 Abs. 1 lit. g BewG fallen (vorn Rz 55). Ist die ausländische Bank oder Versicherungseinrichtung in der Schweiz zum Geschäftsbetrieb zugelassen, darf sie die sich aus der Pfandhaftung ergebende Stellung nutzen und an einer Zwangsversteigerung oder einem Liquidationsvergleich teilnehmen. Es muss also ein Verfahren gemäss SchKG durchgeführt werden. In Fällen privater Steigerungen oder Privatverwertungen in Form von Freihandverkäufen besteht kein Bewilligungsgrund. Erwirbt das ausländische Institut das Pfandobjekt zu Eigentum, muss es neuerdings nicht mehr innerhalb von zwei Jahren wieder veräussert werden. Damit sind die ausländischen Institute den inländischen in dieser Beziehung gleichgestellt (hinten Rz 187 f.). 103

e) Erbschaft

Ein Erbe (miteingeschlossen sind unseres Erachtens Vermächtnisnehmer), der nicht von der Bewilligungspflicht befreit ist (vorn Rz 90) und welcher keinen Bewilligungsgrund erfüllt, kann ein Grundstück durch Erbschaft mit der Auflage erwerben, es innerhalb von zwei Jahren wieder zu veräussern. Nur ein Erwerb durch Erbgang kann Gegenstand dieser Bestimmung sein. 104

f) Härteklausel

Als Härtefall gilt eine nachträglich eingetretene, unvorhersehbare Notlage des Veräusserers einer Zweit- oder Ferienwohnung bzw. einer Wohneinheit in einem Apparthotel, die er nur abwenden kann, indem er das Grundstück an eine Person im Ausland veräussert (dazu eingehend: BGE 111 Ib 176 ff.). Das Bundesrecht erlaubt den Erwerb von Grundeigentum durch Ausländer in bestimmten Fällen zur persönlichen Nutzung, wenn der schweizerische oder ausländische Eigentümer verkaufen muss, weil er sich in einer wirtschaftlichen Notlage befindet. Eine persönliche Notlage ist dann beachtlich, wenn sie sich wirtschaftlich auswirkt (z.B. Eintritt der Erwerbsunfähigkeit). Eine Bewilligung gestützt auf die Härteklausel muss an das kantonale Bewilligungskontingent angerechnet werden. 105

106 Der Veräusserer, der einen Härtefall geltend macht, muss ausser seiner Notlage nachweisen, dass er die Zweit- oder Ferienwohnung bzw. die Wohneinheit in einem Apparthotel (nur bei diesen Objekten kann der Härtefall überhaupt angerufen werden) erfolglos zu den Gestehungskosten Personen angeboten hat, die keiner Bewilligung bedürfen. Die Gestehungskosten erhöhen sich um den Betrag einer angemessenen Verzinsung, wenn die Wohnung dem Veräusser seit mehr als drei Jahren gehört.

107 Der bundesrechtliche Bewilligungsgrund des Härtefalles kann zudem nur in Kantonen angerufen werden, in denen kein kantonaler Bewilligungsgrund für den Erwerb von entsprechendem Wohneigentum existiert oder eine Bewilligungssperre erlassen wurde. Der Erwerb einer Ferienwohnung oder einer Wohneinheit in einem Apparthotel kann überdies selbst in einem Härtefall nur in förderungswürdigen Fremdenverkehrsorten im Sinne von Art. 9 Abs. 3 BewG bewilligt werden (Art. 4 BewV). Die Härteklausel ist also nicht für das gesamte Gebiet der Schweiz, sondern geographisch nur sehr beschränkt anwendbar.

108 Bei Hauptwohnungen hat sie keine Bedeutung mehr, da Ausländer bei Wegfall des Hauptwohnsitzes neuerdings über solche Wohnungen frei verfügen können (hinten Rz 160 f.).

2. Zusätzliche kantonale Bewilligungsgründe

a) Allgemeines

109 Art. 9 BewG ermächtigt die Kantone, für Wohnliegenschaften in ihren Gesetzen zusätzliche Bewilligungsgründe vorzusehen. Die Lex Koller hat in diesem Zusammenhang eine weitere gewichtige Änderung eingeführt, indem Art. 9 Abs. 1 lit. b altBewG («Erwerb einer Hauptwohnung») als Bewilligungsgrund aufgehoben und neu unter den bewilligungsfreien Tatbeständen in Art. 2 Abs. 2 lit. b BewG geregelt worden ist (hinten Rz 150 ff.).

b) Sozialer Wohnungsbau

110 Die Kantone können, sofern sie entsprechend legiferiert haben, Bewilligungen für den sozialen Wohnungsbau erteilen. Was unter «sozialem Wohnungsbau» zu verstehen ist, definieren weder Gesetz noch Verordnung. Die Kantone können also auch die näheren Voraussetzungen dieses Bewilligungsgrundes selber umschreiben. Damit wird ihnen eine eigenständige Wohnbauförderungspolitik ermöglicht.

Bewilligt werden kann sowohl der Erwerb von Baugrundstücken zwecks Er- 111
stellung sozialer Wohnungen als auch der Erwerb bereits erstellter Bauten,
sofern deren Erstellung nicht mehr als zwei bis drei Jahre zurückliegt. Es
kann jedoch eine Bewilligung nur an den Orten erteilt werden, die unter
Wohnungsnot leiden (BGE 109 Ib 1). Immer ist erforderlich, dass kein
Kaufs- bzw. Bauinteresse schweizerischer Nachfrager vorhanden ist. Der
Erwerb bzw. der Bau von Sozialwohnungen ist dafür, wenn alle Voraussetzungen erfüllt sind, naturgemäss auch als reine Kapitalanlage zulässig (vgl.
auch Art. 11 Abs. 2 lit. d BewV, der als Auflage sogar das Verbot für den Erwerber vorsieht, Wohnungen selber zu benützen).

Als Erwerber oder Ersteller sozialer Wohnungen kommen natürliche Personen, Personengesellschaften oder juristische Personen in Frage. 112

c) Zweitwohnung

Immer ein entsprechendes kantonales Gesetz vorausgesetzt, können die Kan- 113
tone Bewilligungen für den Erwerb von Zweitwohnungen erteilen. Voraussetzung ist eine aussergewöhnlich enge, schutzwürdige Beziehungen des
Erwerbers zum Ort der Zweitwohnung. Als solche gelten regelmässige Beziehungen, die der Erwerber unterhalten muss, um überwiegende wirtschaftliche, wissenschaftliche, kulturelle oder andere wichtige Interessen zu wahren. Verwandtschaft oder Schwägerschaft mit Personen in der Schweiz und
Ferien-, Kur-, Studien- oder andere vorübergehende Aufenthalte begründen
für sich allein keine engen schutzwürdigen Beziehungen (Art. 6 BewV). Das
geforderte Interesse muss jedoch nicht ein öffentliches sein, es genügen private Interessen (BGE 106 Ib 83 ff.).

Der Begriff «Zweitwohnung» wird nicht definiert. Er ist indessen von der 114
Ferienwohnung, die begriffsgemäss rein Ferienzwecken dient, abzugrenzen
und zu verstehen als – neben einer Hauptwohnung – relativ oft, intensiv und
regelmässig benutzte zweite Wohnung zum Zweck der Wahrnehmung wichtiger Interessen.

Eine Zweitwohnung kann nur von einer natürlichen Person auf ihren eige- 115
nen Namen erworben werden (vgl. dazu auch Art. 8 BewV). Zudem ist die
Bewilligung mit der Auflage zu verbinden, dass die Wohnung spätestens
zwei Jahre nach Wegfall der geforderten engen Beziehungen zu veräussern
ist (Art. 11 Abs. 2 lit. e BewV).

§ 2 Grundlagen

d) Ferienwohnung oder Wohneinheit in einem Apparthotel

116 Die Kantone könne ausserdem durch Gesetz bestimmen, dass einer natürlichen Person (vgl. dazu auch Art. 8 BewV) der Erwerb als Ferienwohnung oder als Wohneinheit in einem Apparthotel im Rahmen des kantonalen Kontingents (dazu im einzelnen Art. 11 BewG und Art. 9 BewV) bewilligt werden kann.

117 Anders als bei den Zweitwohnungen muss der Erwerb einer Ferienwohnung oder einer Einheit in einem Apparthotel nicht zusätzlich durch ein irgendwie geartetes schutzwürdiges Interesse des Erwerbers oder eine besonders enge Beziehung gerechtfertigt sein. Es genügt die blosse Absicht, in diesen Objekten Ferien zu verbringen. Art. 11 Abs. 2 lit. f BewV sieht für Ferienwohnungen als anzumerkende Auflage das Verbot vor, sie ganzjährig zu vermieten. Bei Wohneinheiten in einem Apparthotel ist gemäss Art. 11 Abs. 2 lit. g BewV die Verpflichtung des Erwerbers, die Wohneinheit dem Betriebsinhaber des Apparthotels gemäss besonderer Regelung zur Bewirtschaftung zu überlassen, im Grundbuch als Auflage anzumerken (vgl. dazu BGE 118 Ib 178 ff.).

118 Für Ferienwohnungen und Wohneinheiten in Apparthotels gilt das System der Kontingentierung. Nur im Rahmen des den Kantonen zugewiesenen Kontingents können Bewilligungen erteilt werden. Überdies ist ein Erwerb nur möglich in den periodisch von den Kantonen bestimmten sog. «Fremdenverkehrsorten». Das sind Orte, die des Erwerbs von Ferienwohnungen oder von Wohneinheiten in Apparthotels durch Personen im Ausland zur Förderung des Fremdenverkehrs bedürfen. Die Kantone sind in der Bestimmung dieser Orte nicht völlig frei, sondern haben eine entsprechende Planung auszuweisen (Art. 9 Abs. 3 BewG).

119 Der Begriff «Apparthotel» ist in Art. 10 BewG und Art. 7 BewV näher definiert. Das Wesentliche liegt darin, dass ein Teil der Wohnungen nicht im Eigentum des Betriebsinhabers steht, sondern im Stockwerkeigentum an Dritte weiterveräussert wird. Dabei muss eine Mindestquote der Wohneinheiten (Wohnungen oder Hotelzimmer) dem Hotelier zur hotelmässigen Bewirtschaftung überlassen sein. Ein Apparthotel muss dabei ein angemessenes Dienstleistungsangebot im Sinne eines vollwertigen Hotels erbringen. Es darf nicht die Zurverfügungstellung von Wohnungen, sondern es muss die hotelmässige Dienstleistung im Vordergrund stehen (BGE 106 Ib 209).

V. Verweigerungsgründe

1. Bedeutung

Das System der bundesrechtlichen und kantonalen Bewilligungsgründe in der Lex Koller wird ergänzt durch eine Aufzählung zwingender bundesrechtlicher und weitergehender kantonaler Verweigerungsgründe. Die Frage der Bewilligungserteilung ist somit nicht schon dann endgültig entschieden, wenn ein Bewilligungsgrund vorliegt, sondern es muss zusätzlich immer geprüft werden, ob nicht einer der Verweigerungsgründe trotzdem zu einer Aberkennung der Bewilligung führt.

120

2. Anwendbarkeit von Art. 12 BewG bei bewilligungsfreien Erwerben

Es stellt sich in den Fällen des bewilligungsfreien Erwerbs die Frage, ob Art. 12 BewG überhaupt anwendbar ist. Folgt man einer grammatikalischen Auslegung, so muss die Frage verneint werden: Eine Bewilligung kann nicht verweigert werden, wenn sie zum vornherein gar nicht erforderlich ist. Wir neigen indessen eher dazu, die Frage trotz des an sich klaren Gesetzeswortlautes aus folgenden Gründen zu bejahen: Die Lex Koller hat die neu in Art. 2 Abs. 2 BewG geregelten Ausnahmefälle (bewilligungsfreier Erwerb von Betriebsstätten-Grundstücken und Hauptwohnungen) systematisch den Fällen des Art. 7 BewG gleichgestellt. Im Bereich von Art. 7 BewG enthält nun aber Art. 10 Abs. 5 BewV die ausdrückliche Vorschrift, dass bei einem Überschreiten der zulässigen Fläche die Ausnahme von der Bewilligungspflicht entfällt, mit anderen Worten eine Bewilligung nötig wird und damit selbstverständlich Art. 12 lit. b BewG wieder Anwendung findet. Obwohl die in Art. 10 Abs. 5 BewV enthaltene Regel für zwei Spezialfälle (Tausch von Wohnungen und Grenzbereinigung) aufgestellt worden ist, spricht unseres Erachtens nichts dagegen, sie allgemein auf alle Fälle bewilligungsfreien Erwerbs anzuwenden. Die zuständigen Behörden haben also auch in den Fällen des bewilligungsfreien Erwerbs, direkt gestützt auf Art. 12 BewG abzuklären, ob nicht ein zwingender Verweigerungsgrund vorliegt.

121

3. Zwingende Verweigerungsgründe

a) Kapitalanlage

122 Eine Bewilligung zum Grundstückerwerb ist auf jeden Fall zu verweigern, wenn das Grundstück einer nach der Lex Koller unzulässigen Kapitalanlage dient. Die Bedeutung dieser Bestimmung ist durch die Revision 1997 stark gesunken. Bereits früher konnten Personalvorsorgestiftungen und Versicherungsgesellschaften Grundstücke zur reinen Kapitalanlage erwerben. Zudem war der gesamte soziale Wohnungsbau vom Kapitalanlageverbot ausgenommen. Mit der Lex Koller ist neu auch der Erwerb von Betriebsstätten zu reinen Kapitalanlagezwecken möglich, sofern sie Dritten für eine wirtschaftliche Tätigkeit vermietet oder verpachtet werden (hinten Rz 131). Die Bestimmung behält mit anderen Worten nur noch dort ihre Bedeutung, wo es um Investitionen in Wohnliegenschaften bzw. unüberbaute Grundstücke geht, die zur Überbauung mit Wohnliegenschaften oder zur Baulandhortung mit Spekulationsabsicht bestimmt sind. Meistens dürfte indessen in diesen Fällen schon ein Bewilligungsgrund gar nicht gegeben sein.

b) Flächenbeschränkung

123 Eine Bewilligung ist auch dann zu verweigern, wenn die Fläche grösser ist, als es der Verwendungszweck erfordert (Art. 12 lit. b BewG). Die zulässigen Flächen sind in Art. 10 BewV für gewisse Grundstückkategorien umschrieben. Sie betragen für Zweitwohnungen, Ferienwohnungen und Wohneinheiten in Aparthotels in der Regel nicht mehr als 100 m^2 Nettowohnfläche bzw. im Fall von Zweit- und Ferienwohnungen, die nicht im Stockwerkeigentum stehen, in der Regel nicht mehr als 1'000 m^2 Grundstücksfläche. Der Wortlaut der Bestimmung macht deutlich, dass diese Grenzen nicht starr aufzufassen, sondern Abweichungen auch nach oben möglich sind.

c) Gesetzesumgehung

124 Als weiterer zwingender bundesrechtlicher Verweigerungsgrund ist in Art. 12 lit. c BewG der Fall geregelt, bei dem der Erwerber versucht hat, das Gesetz zu umgehen (dazu eingehend: BGE 114 Ib 11 ff.). Sinn dieser Bestimmung kann unseres Erachtens nur sein, demjenigen die Erteilung einer Bewilligung zu verweigern, der versucht hat, eben dieses Grundstück unter Umgehung des Gesetzes zu erwerben, für das er nachträglich dann eine Bewilligung zum Erwerb einholen will. Wer also einmal versucht hat, das Gesetz zu umgehen, für den ist nicht ausgeschlossen, dass er später wieder ein-

mal – aber für ein anderes Grundstück – eine Bewilligung erhalten kann.

d) Vorbestehendes Eigentum

Wenn dem Erwerber, seinem Ehegatten oder einem Kind unter 20 Jahren bereits eine Zweitwohnung, Ferienwohnung oder eine Wohneinheit in einem Apparthotel gehört, darf der Erwerb einer weiteren solchen Wohnung nur unter der Bedingung bewilligt werden, dass die erste Wohnung vorher veräussert wird. Art. 11 Abs. 1 BewV relativiert dadurch Art. 12 lit. d BewG stark und nimmt ihm eigentlich den Charakter eines zwingenden Verweigerungsgrundes. 125

e) Staatspolitische Interessen

Schliesslich ist die Bewilligung zu verweigern, wenn der Erwerb staatspolitischen Interessen widerspricht. Gemäss Art. 16 Abs. 1 lit. a BewG ist für solche Entscheide der Bundesrat zuständig. 126

4. Weitergehende kantonale Beschränkungen

Die Kantone haben die Möglichkeit, durch Gesetz 127

- den Erwerb von Ferienwohnungen und von Wohneinheiten in Apparthotels (und nur in diesem Bereich) weitergehend einzuschränken, indem sie insbesondere eine Bewilligungssperre einführen;

- den Erwerb von Ferienwohnungen nur im Rahmen von Stockwerkeigentum oder einer anderen Gesamtheit mehrerer Ferienwohnungen zuzulassen;

- für eine Gesamtheit von Ferienwohnungen und für Wohneinheiten in Apparthotels den Erwerb nur bis zu einer bestimmten Quote des Wohnraums zuzulassen;

- zugunsten von Personen, die keiner Bewilligung bedürfen, ein Vorkaufsrecht zum Verkehrswert einzuführen und schliesslich

- den Erwerb auf das Baurecht, das Wohnrecht oder die Nutzniessung zu beschränken.

128 Die Aufzählung möglicher weitergehender Beschränkungen ist nicht abschliessend (BGE 112 Ib 241 ff.). Es können weitere, darüber hinausgehende Beschränkungen vorgesehen werden, die sich aber auf dem Boden der Lex Koller zu bewegen und insbesondere der von diesem Gesetz verfolgten Zielsetzung zu entsprechen haben.

129 Die genannten weitergehenden Beschränkungen stehen nicht nur den Kantonen, sondern auch den Gemeinden zu, welche von sich aus solche Beschränkungen einführen können (Art. 13 Abs. 2 BewG). Der Erlass solcher Normen auf Gemeindeebene muss aber in dem vom kantonalen Recht vorgesehenen Verfahren geschehen (zu ihrer Rechtsnatur: BGE 112 Ib 249 ff.).

§ 3 Erwerb von Betriebsstätten

I. Einführung

Gemäss Art. 2 Abs. 2 lit. a BewG bedarf von Bundesrechts wegen der Erwerb eines Grundstücks keiner Bewilligung mehr, wenn es als ständige Betriebsstätte eines Handels-, Fabrikations- oder eines anderen nach kaufmännischer Art geführten Gewerbes, eines Handwerksbetriebes oder eines freien Berufes dient. 130

Bereits nach altem Recht konnten Ausländer Grundstücke in der Schweiz erwerben, wenn diese dem Erwerber als ständige Betriebsstätte eines von ihm selbst geführten Handels-, Fabrikations- oder eines anderen nach kaufmännischer Art geführten Gewerbes, eines Handwerksbetriebs oder eines freien Berufes dienten. Mit der Revision (die einen eigentlichen Systemwechsel vollzieht) wurden die Bewilligungspflicht für den Erwerb dieser sog. Betriebsstätte-Grundstücke aufgehoben und gleichzeitig die materiellen Voraussetzungen des ehemaligen Bewilligungstatbestandes gelockert. Personen im Ausland sind von der Bewilligungspflicht befreit, wenn sie ein Grundstück erwerben, das der Ausübung einer wirtschaftlichen Tätigkeit eines Unternehmens dient. Wem das Unternehmen gehört, spielt keine Rolle mehr. Der Erwerber muss das Unternehmen nicht mehr selbst führen. Das Grundstück kann unter der Lex Koller vom Ausländer auch als blosse Kapitalanlage erworben werden, sofern es einem Dritten für eine Geschäftstätigkeit vermietet oder verpachtet wird. 131

Die gänzliche Befreiung der Betriebsstätte-Grundstücke von der Bewilligungspflicht bedeutet ferner, dass Ausländer bewilligungsfrei auch andere Investitionen jeder Art in solche Grundstücke tätigen können, indem sie beispielsweise schweizerischen Erwerbern Kredite gewähren oder Schuldbriefe erwerben, langfristige Miet- oder Pachtverhältnisse eingehen, Vorverträge abschliessen oder sich Kaufs-, Vorkaufs- oder Rückkaufsrechte einräumen lassen. 132

In all den genannten Fällen bewilligungsfreien Erwerbes von Betriebsstätte-Grundstücken ist selbstverständlich auch kein Bewilligungsverfahren mehr zu durchlaufen. 133

II. Begriff der Betriebsstätte

1. Allgemeines

134 Der Begriff «Betriebsstätte» ist dem Steuerrecht entlehnt. Betriebsstätte kann nicht nur eine Geschäftsniederlassung im handelsrechtlichen Sinn sein, sondern es genügt bereits, dass die Unternehmung an einem Ort ständige körperliche Anlagen oder Einrichtungen besitzt, mittels derer sich ein qualitativ wesentlicher Teil ihres Betriebs vollzieht (BGE 106 Ib 290). Mit anderen Worten sind Betriebsstätten ständige körperliche Anlagen oder Einrichtungen, die dem Betrieb eines Handels-, Fabrikations-, eines anderen nach kaufmännischer Art geführten Gewerbes oder eines Handwerksbetriebes bzw. eines freien Berufes dienen. Eine Eintragung im Handelsregister ist nicht erforderlich. Das Grundstück muss – vereinfacht ausgedrückt – der Ausübung einer wirtschaftlichen Tätigkeit dienen. Dieser Begriff ist weit zu fassen: Es geht nicht nur um die klassischen Industrie- und Gewerbearten, auch der Finanz- und Dienstleistungssektor, das einfache Handwerk und der freie Beruf sind gemeint.

135 Der bisherige Art. 3 BewV, der den weder im Gesetz noch in der Verordnung näher umschriebenen Begriff «Betriebsstätte» zumindest in negativer Hinsicht konkretisiert hat, ist durch die Revision stark gekürzt worden. Art. 3 BewV regelt in der heute geltenden Fassung nur noch, dass die gewerbsmässige Vermietung von Wohnraum, der nicht zu einem Hotel oder Apparthotel gehört, nicht unter den Begriff «Betriebsstätte» fällt. Damit ist aber auch gesagt, dass der Betrieb eines Hotels oder eines Apparthotels als Betriebsstätte gilt.

2. Massgeblichkeit der Zweckbestimmung

136 Für die Qualifikation einer Liegenschaft als Betriebsstätte-Grundstück ist einzig der Zweck entscheidend (Amtliches Bulletin der Bundesversammlung, April-Session 1997, NR, S. 676). Ausländer können sich nunmehr in den verschiedensten Formen an Betriebsstätte-Grundstücken beteiligen, sofern diese einer oder mehreren Betriebsstätten dienen. Auch reine Kapitalanlagen und Investitionen, wie die Gewährung von Krediten und der Erwerb von Schuldbriefen, sind zulässig (Amtliches Bulletin der Bundesversammlung, April-Session 1997, NR, S. 679).

3. Keine persönliche Betriebsführung des Erwerbers

Das alte Recht setzte voraus, dass der Erwerber den Betrieb auch tatsächlich selbst leitete. Der Erwerber musste also ein eigenes Betriebsinteresse haben und sich als Unternehmer selbst betätigen. Diese Einschränkung ist von der Lex Koller fallengelassen worden. Das neu geltende Kriterium der massgeblichen Zweckbestimmung machte die frühere «Selbstbewirtschaftungspflicht» gegenstandslos. Allein ausschlaggebend ist, ob das Grundstück der Ausübung einer (im beschriebenen Sinn weit gefassten) wirtschaftlichen Tätigkeit dient. Keine Rolle spielt mehr, wer die Betriebsstätte führt, ja sogar, wem das Unternehmen gehört. 137

4. Unternehmungen der Urproduktion

Gemäss der alten BewV konnten Grundstücke, die der landwirtschaftlichen Tätigkeit und der übrigen pflanzlichen oder tierischen Urproduktion dienen, grundsätzlich keine Betriebsstätte begründen. Es gab somit keine Betriebsstätten im sog. primären Sektor. Seit 1974 sind indessen bedeutende Veränderungen im Bereich der Landwirtschaft eingetreten. Um überleben zu können, müssen heute auch Landwirtschaftsbetriebe nach kaufmännischer Art geführt werden. Konsequenterweise behandelt die Lex Koller deshalb Unternehmen der Urproduktion im Bereich des Grundstückerwerbs durch Ausländer gleich wie andere Unternehmungen. Diese Lockerung dürfte allerdings nicht von allzu grosser Bedeutung sein, da gemäss dem seit 1. Januar 1994 geltenden bäuerlichen Bodenrecht ohnehin nur noch sog. Selbstbewirtschafter landwirtschaftliche Grundstücke erwerben können. 138

III. Zulässige Flächen

1. Allgemeines

Wie dargelegt (vorn Rz 121) neigen wir auch im Bereich des bewilligungsfreien Erwerbs von Betriebsstätten zur Auffassung, dass Art. 12 BewG im allgemeinen und damit auch Art. 12 lit. b BewG über die zulässigen Flächen anwendbar ist. Eine Betriebsstätte darf damit nicht grösser sein, als es ihr Verwendungszweck erfordert. Die betriebliche Notwendigkeit im Betriebsstätten-Begriff enthält also weiterhin nicht nur ein funktionales, sondern auch ein 139 flächenmässiges Element. Es dürfen grundsätzlich nur solche Grundstücke oder Räumlichkeiten erworben werden, die für den Betrieb notwendig sind.

2. Betriebliche Notwendigkeit

140 Das Grundstück hat ganz oder zu einem wesentlichen Teil einer Betriebsstätte zu dienen. Dienen einzelne Räume nicht der Betriebsstätte und sind diese Räume von untergeordneter Bedeutung, so muss unseres Erachtens ein Erwerb trotzdem toleriert werden (hinten Rz 145). Stellen diese Räume indessen einen flächen-, wert- oder funktionsmässig nicht mehr untergeordneten Teil der Liegenschaft dar, muss wohl gefordert werden, dass die Liegenschaft in Stockwerkeigentum aufgeteilt und dem Ausländer nur der Erwerb des als Betriebsstätte dienenden Teils gestattet wird. Immer ist bei solchen Forderungen aber auch die aktuelle Marktsituation und damit die (innert vernünftiger Frist realisierbare) Machbarkeit einer Aufteilung in Stockwerkeigentum im Auge zu behalten.

3. Reserveland

141 Im Hinblick auf flächenmässige Landreserven hielt die alte BewV ausdrücklich fest, dass ein Betriebsgrundstück «angemessene Landreserven für einen Ausbau der Betriebsstätte» umfassen darf. Dabei ist immer auch die effektive Fläche des Grundstücks im Auge zu behalten: Die Landreserve bei kleinen Grundstücken kann prozentual höher sein als bei grossen. In Betracht zu ziehen ist auch die Entwicklung des Unternehmens, dem das Grundstück als Landreserve dienen soll. Eine (in diesem Sinn echte) Landreserve muss nicht innert einer bestimmten Frist überbaut werden, sondern kann auch längerfristig als solche gehalten werden.

142 Als unbestrittene Praxis hat sich der Grundsatz durchgesetzt, dass die Reserven ca. einen Drittel des gesamten Grundstücks bzw. die Hälfte der bereits überbauten Fläche betragen durften. Diese Regel wurde in Art. 18a Abs. 1 lit. c BewV aufgenommen. Die alte Praxis hat damit ausdrücklich ins geschriebene Recht Eingang gefunden (vgl. Erläuterungen des Bundesamtes für Justiz zur Verordnungsänderung vom 10.9.1997). Immerhin ist in diesem Zusammenhang zu bedenken, dass der Art. 18a BewV eine Anweisung an den Grundbuchverwalter und die Steigerungsbehörde enthält, wann auf eine Verweisung des Erwerbers an die Bewilligungsbehörde verzichtet werden

darf (hinten Rz 216). Es handelt sich mit anderen Worten um eine reine Verfahrensvorschrift.

Die Verordnung will Landreserven bis zu einem Drittel als völlig unproblematisch deklarieren. Sie enthält damit eine verfahrensrechtliche Faustregel für die rechtsanwendenden Behörden im Bereich des bewilligungsfreien Erwerbs. Aus dieser Verfahrensvorschrift absolut zu schliessen, dass nur bis zu einer Landreserve von einem Drittel der gesamten Fläche ein bewilligungsfreier Betriebsstätte-Erwerb möglich ist, geht unseres Erachtens zu weit (in diesem Sinn auch Ch. Bandli, öffentliche Informationsveranstaltung Zürich, S. 5). In Einzelfällen muss es möglich sein, auch ein grösseres Grundstück zu erwerben. Dann ist der Erwerber aber an die Bewilligungsbehörde zu verweisen. 143

4. Wohnungen

a) Wohnanteilvorschriften

In den heutigen Nutzungsplänen von Städten und Gemeinden finden sich immer wieder Wohnanteilvorschriften, wonach in bestimmten Zonen ein gewisser Anteil der Geschossflächen für Wohnzwecke zu nutzen ist. In Art. 2 Abs. 3 BewG ist präzisiert worden, dass beim bewilligungsfreien Erwerb von Betriebsstätten auch durch Wohnanteilvorschriften vorgeschriebene Wohnungen oder dafür reservierte Flächen miterworben werden dürfen. Weder im Gesetz noch in der Verordnung finden sich aber Einschränkungen oder Präzisierungen dahingehend, bis zu welchem Umfang diesfalls Wohnflächen bewilligungsfrei erworben werden dürfen. Der Begriff «miterworben» könnte als Einschränkung interpretiert und die Bestimmung so verstanden werden, dass der Erwerb von Wohnungen nur in einem untergeordneten Masse zulässig ist (in diesem Sinne Ziff. 32.122 der Wegleitung für die Grundbuchämter). Wir neigen zur gegenteiligen Auffassung, wonach aus dem Fehlen ausdrücklicher Einschränkungen geschlossen werden muss, dass es auch keine solchen gibt. Also auch dann, wenn entsprechende Wohnanteilvorschriften einen sehr hohen Anteil an Wohnnutzung verlangen (in der Stadt Zürich existieren z.B. Wohnanteile bis zu 90%), dürfen diese Wohnungen unserer Meinung nach erworben bzw. auf entsprechend reserviertem Bauland erstellt werden. Der Artikel darf auf der anderen Seite auch nicht missbraucht und zum Einfallstor für unzulässige Kapitalanlagen in Wohngrundstücke werden. Ein solcher Missbrauch könnte etwa angenommen werden, wenn bei einem Ausländer eine sonst nicht weiter erklärbare Häufung von Grundstücken mit jeweils überdurchschnittlich hohen Wohnanteilen festgestellt würde. 144

b) Funktionaler Zusammenhang bzw. untergeordnete Bedeutung

145 Wohnungen können miterworben werden, wenn sie mit der Betriebsstätte einen funktionalen Zusammenhang haben. Dies bedeutet, dass die mitzuerwerbende Wohnung betriebsnotwendig sein muss. Nur in Ausnahmefällen wird dabei der Erwerb von Wohnungen für Angestellte toleriert werden können. Denkbar ist eine Betriebsnotwendigkeit von Wohnungen in Fällen, in denen bestimmtes Personal (für die Führung, Bedienung, Überwachung, Sicherheit, usw. des Betriebes) dauernd anwesend sein muss oder aber auch, wenn eine Abtrennung der Wohnung vom Betriebsgrundstück praktisch nicht möglich oder unverhältnismässig wäre. Weiter können einzelne Wohnungen miterworben werden, wenn sie räumlich oder nach ihrem Wert von untergeordneter Bedeutung sind, so z.b. im obersten Stock eines mehrstöckigen Gewerbe- oder Bürogebäudes (Ziff. 31.2 der Wegleitung für die Grundbuchämter).

c) Verbotene Kapitalanlage

146 Wie schon bei Art. 12 lit. b BewG (Flächenlimitierung aufgrund des Verwendungszwecks) stellt sich auch bei Art. 12 lit. a BewG (verbotene Kapitalanlage) die Frage, ob diese Bestimmung im bewilligungsfreien Bereich überhaupt direkt anwendbar ist. Auch hier neigen wir dazu, diese Frage zu bejahen (vorn Rz 121). Immer ist also auch beim Erwerb von Betriebsstätte-Grundstücken zu prüfen, ob nicht – über die zulässigen Ausnahmen hinaus – Wohnungen (Einfamilienhäuser, Mehrfamilienhäuser oder Eigentumswohnungen) miterworben oder erstellt werden, da dies eine vom BewG verbotene Kapitalanlage wäre (Ziff. 31.2 der Wegleitung für die Grundbuchämter; hinten Rz 147).

5. Bauland

147 Die an sich bestechende Idee des Gesetzgebers, für die Beurteilung der Bewilligungsfreiheit auf den Zweck, dem ein Grundstück dient, abzustellen (vorn Rz 136 f.), lässt in den Fällen, in denen Bauland als Erwerbsobjekt zur Diskussion steht, gewisse Fragen offen. Allerdings hat sich Bundesrat Koller anlässlich der parlamentarischen Beratung dazu sehr deutlich geäussert. So führte er im Nationalrat aus: «Ausgeschlossen bleiben ... der Erwerb und der Handel mit Wohnbauten. Es geht nach wie vor nicht an, dass ein ausländischer Investor einfach einen Wohnblock erwirbt. Die Ausnahmen sind im Gesetz erwähnt: dort, wo es sogenannte Wohnanteilvorschriften gibt und wo es um den Erwerb von preisgünstigen Mietwohnungen geht. Ausgeschlos-

sen – das ist ebenso wichtig und zentral – bleibt auch der spekulative Erwerb von Grundstücken mit dem Zweck, einfach Bauland zu horten. Das fällt eindeutig nicht unter den Begriff des Betriebsstättengrundstücks» (Amtliches Bulletin der Bundesversammlung, April-Session 1997, NR, S. 679). Im Ständerat sagte BR Koller: «Dagegen wären beispielsweise Grundstückerwerbe mit dem Zweck, einen Wohnblock zu erstellen, nach wie vor nicht möglich. Es ist auch nach wie vor nicht möglich, Grundstücke auf Vorrat zu erwerben, um Bauland für irgendwelche spätere wirtschaftliche Tätigkeiten zu horten. Solche Grundstückerwerbe fallen ganz klar nicht unter diesen Artikel 2. Damit sei die Sache auch negativ abgegrenzt.» (Amtliches Bulletin der Bundesversammlung, April-Session 1997, SR, S. 388.)

Übersteigen die zu erwerbenden Baulandflächen mit anderen Worten den Reservebedarf (vorn Rz 141 ff.), oder wird das Bauland nicht erworben, um es für ein Unternehmen zu überbauen oder zu nutzen, ist ein bewilligungsfreier Erwerb ausgeschlossen. Das Halten von Bauland auf unbestimmte Zeit gilt als verbotene Kapitalanlage auch dann, wenn es nicht in einer Wohnzone liegt. Leerstehende Bauten, die mittelfristig nicht mehr der Ausübung einer wirtschaftlichen Tätigkeit dienen, sind ebenfalls als Bauland zu betrachten (Ziff. 31.2 der Wegleitung für die Grundbuchämter). 148

IV. Zusammenfassung

Vor dem Hintergrund des an sich bewilligungsfreien Betriebsstätte-Erwerbs ist bewilligungspflichtig nurmehr der Erwerb von Grundstücken, die dem Wohnungsbau dienen, sei es, dass sie bereits mit Wohnungen überbaut sind, oder sei es als Bauland, das der Überbauung mit Wohnungen dienen soll. Dies ist die Folge daraus, dass faktisch jede Nicht-Wohnnutzung auf einem Grundstück den Charakter einer Betriebsstätte im weitgefassten Sinn der Lex Koller haben kann. Der Erwerb von Bauland ist dann bewilligungspflichtig, wenn es nicht für ein Unternehmen überbaut oder genutzt, sondern als blosse Kapitalanlage oder zu Spekulationsabsichten erworben wird. 149

§ 4 Erwerb von Hauptwohnungen

I. Grundsatz

1. Einführung

150 Gemäss Art. 2 Abs. 2 lit. b BewG bedarf von Bundesrechts wegen der Erwerb eines Grundstücks (Haus, Stockwerk- oder Miteigentum) keiner Bewilligung, wenn es dem Erwerber als natürliche Person als Hauptwohnung am Ort seines rechtmässigen und tatsächlichen Wohnsitzes dient. Um Jahresaufenthaltern den Erwerb von selbstgenutztem Wohneigentum zu erleichtern, hat die Revision 1997 als zweite wichtige Änderung neben der Einführung der Bewilligungsfreiheit für Betriebsstätte-Grundstücke die Bewilligungspflicht in solchen Fällen aufgehoben. Die Beschränkung der Nettowohnfläche auf 200 m^2 wurde fallengelassen, ebenso die Beschränkung der Grundstücksfläche auf 1'000 m^2 (hinten Rz 158 f.). Der Wohnsitz, der zum bewilligungsfreien Erwerb einer Hauptwohnung berechtigt, bestimmt sich nach den Regeln des Zivilgesetzbuches (hinten Rz 153).

151 Immer ist bei diesem Befreiungstatbestand aber zu bedenken, dass Wohngrundstücke nicht generell von der Bewilligungspflicht ausgenommen sind, sondern nur unter ganz bestimmten Voraussetzungen und Bedingungen (vorn Rz 146), die im konkreten Fall (nun nicht mehr von der Bewilligungsbehörde, sondern in der Regel vom Grundbuchverwalter) geprüft werden müssen.

2. Wegfall der kantonalen Kompetenzen

152 Mit dem neuen bundesrechtlichen Befreiungstatbestand wurde die bisherige kantonale Legifierierungskompetenz für Hauptwohnungen aufgehoben. Die Kantone können insbesondere keine weiteren materiellen Voraussetzungen wie Wartefristen oder zusätzliche Parzellen- oder Geschossflächenbeschränkungen mehr einführen.

II. Hauptwohnsitz

1. Wohnsitz

Der Wohnsitz, der zum bewilligungsfreien Erwerb einer Hauptwohnung berechtigt, bestimmt sich nach den Art. 23, 24 Abs. 1, 25 und 26 des Zivilgesetzbuches (Art. 5 Abs. 1 BewV). Der Wohnsitz im Sinne des ZGB befindet sich an dem Ort, an dem sich eine Person mit der Absicht dauernden Verbleibens aufhält, an dem sie ihren eigentlichen Lebensmittelpunkt hat. Erforderlich ist neben der Intention auf dauerndes Verbleiben insbesondere auch der tatsächliche Aufenthalt. Es gibt somit für die Belange der Lex Koller keinen bloss «formellen» oder «Papierwohnsitz». Voraussetzung für den bewilligungsfreien Erwerb einer Hauptwohnung ist eine tatsächliche Wohnsitznahme.

153

2. Rechtmässigkeit des Wohnsitzes

Der Wohnsitz muss rechtmässig sein, was ausserdem eine gültige Aufenthaltsbewilligung zur Wohnsitznahme (Ausländerausweis B, Art. 5 und 9 Abs. 1 des Bundesgesetzes über den Aufenthalt und die Niederlassung von Ausländern, ANAG) oder eine andere Berechtigung voraussetzt (Art. 5 Abs. 1 und 2 BewV; zur «anderen Berechtigung», vorn Rz 67).

154

Pro memoria sei angeführt, dass der Inhaber einer Niederlassungsbewilligung C einem Schweizer für die Belange der Lex Koller gleichgestellt ist, (vorn Rz 62).

155

III. Natürliche Person als Erwerber

Nur eine natürliche Person kann eine Hauptwohnung erwerben. Zudem muss der Erwerb unmittelbar sein und der Grundbucheintrag auf den persönlichen Namen des Erwerbers lauten. Jeder treuhänderische Erwerb, jede Dazwischenschaltung eines juristischen Gebildes zwischen das zu erwerbende Objekt und den Erwerber ist ausgeschlossen.

156

Zu den Kaufberechtigten gehören neben den Jahresaufenthaltern auch Ausländer mit einer «anderen entsprechenden Berechtigung». Das sind Personen im Dienste diplomatischer Missionen, konsularischer Posten, internationaler Organisationen mit Sitz in der Schweiz, ständiger Missionen bei diesen

157

Organisationen sowie Personen im Dienste von Betriebsstellen ausländischer Bahn-, Post- und Zollverwaltungen mit Sitz in der Schweiz (vorn Rz 67).

IV. Fläche

1. Geschossfläche

158 BewG und BewV verzichten auf eine Limitierung der Nettowohnfläche. Die Praxis geht aber davon aus, dass es sich bei der Hauptwohnung nur um eine einzige Einheit handeln darf. Diese darf nicht in zwei oder mehrere Einheiten mit separaten Hauseingängen aufgeteilt und auch nicht (nur teilweise) vermietet werden (vgl. allerdings hinten Rz 161).

2. Parzellenfläche

159 Zur Grundstücksfläche findet sich eine Maximalvorschrift von 3'000 m^2, allerdings wiederum im rein verfahrensrechtlichen Art. 18a Abs. 2 lit. c BewV (hinten Rz 217 ff.). Damit gilt auch hier die bereits vorn gemachte Einschränkung (vgl. Rz 142 f.), wonach es in Einzelfällen möglich sein muss, auch ein grösseres Grundstück zu erwerben. Denkbar ist dies vor allem in Fällen, in denen ein Gebäude wegen der zulässigen Ausnützung auf einem kleineren Grundstück nicht sinnvoll erstellt, oder wenn das Grundstück von seiner tatsächlichen Situation her nicht sinnvoll abparzelliert werden kann (Grenzverlauf, Steilhang, Waldrand, Böschung, Mauern). Eine Einschränkung für die Grösse der Parzellenfläche ergibt sich im Prinzip nur von der Funktionalität her: Die gesamte Grundstücksfläche muss der Hauptwohnung dienen (Art. 12 lit. b BewG), und es darf nur eine Hauptwohnung auf diesem Grundstück stehen.

V. Nachträglicher Wegfall der Erwerbsvoraussetzungen

1. Keine Veräusserungspflicht

160 Durch die Befreiung von der Bewilligungspflicht entfällt auch die bis anhin zu verfügende Auflage für den Erwerber, die Hauptwohnung innert zweier

Jahre zu veräussern, wenn er sie nicht mehr als solche verwendet. Der Erwerber kann mit anderen Worten eine Hauptwohnung auch nach Wegfall seines Wohnsitzes behalten. Es besteht keine Veräusserungspflicht mehr für den Fall, dass eine rechtmässig erworbene Hauptwohnung nicht mehr als solche benutzt wird (so auch BR Koller, Amtliches Bulletin der Bundesversammlung, April-Session 1997, SR, S. 389).

2. Freie Verfügbarkeit über rechtmässig erworbenes Eigentum

Wenn also ein Grundstück einmal zu Recht bewilligungsfrei als Hauptwohnung erworben wurde, und wenn es einmal den Verwendungszweck als Hauptwohnung hatte, dann ist der ausländische Erwerber in seinem Eigentum geschützt, auch über den Zeitpunkt hinaus, von dem an das Grundstück nicht mehr als Hauptwohnung dient. Selbstverständlich muss es dem Ausländer diesfalls auch gestattet sein, diese Liegenschaft anderweitig zu verwenden, sie insbesondere in verschiedene Einheiten aufzuteilen, zu vermieten oder zu veräussern. Bloss dann, wenn unvollständige oder unwahre Angaben im Zusammenhang mit dem Erwerb des Grundstücks als Hauptwohnung gemacht wurden, kann im nachhinein die Bewilligungspflicht festgestellt werden (hinten Rz 225 f.). Kann nachträglich keine Bewilligung erteilt werden, wird das Erwerbsgeschäft nichtig (hinten Rz 229 f.).

161

§ 5 Erwerb von Anteilen an Gesellschaften

I. Grundsätze der Revision

1. Allgemeines

162 Obwohl es beim BewG um die Beschränkung des Erwerbs von Grundstücken geht, werden unter gewissen Voraussetzungen auch Erwerbsgeschäfte von Anteilen an Gesellschaften dem Gesetz unterworfen (vorn Rz 56 ff.). Dies vor dem Hintergrund, dass über den Erwerb von Gesellschaftsanteilen zumindest indirekt auch Grundstücke erworben bzw. Investitionen in Grundstücke getätigt werden können. Konsequenterweise wird denn auch sowohl im alten wie auch im neuen Recht in Art. 4 BewG, wo der Erwerb von Grundstücken definiert wird, der Erwerb von Anteilen an Gesellschaften speziell erwähnt. In Art. 1 BewV werden in Anwendung und Auslegung von Art. 4 BewG weitere Erwerbstatbestände aufgeführt. Nur sofern und soweit Gesetz und Verordnung einen Erwerb entsprechender Anteile an Gesellschaften gemäss den genannten Bestimmungen dem BewG unterwerfen und damit ausdrücklich entsprechende Geschäfte als Grundstückerwerbsgeschäfte betrachten, unterliegt ein entsprechender Erwerb dem Gesetz. Fehlt eine entsprechende gesetzliche Grundlage, fällt diese Beschränkung weg.

2. Änderungen auf Gesetzes- und Verordnungsstufe

a) Erwerb von Anteilen an vermögensfähigen Gesellschaften ohne juristische Persönlichkeit

163 Nach Art. 4 Abs. 1 lit. b altBewG war jede Beteiligung an einer vermögensfähigen Gesellschaft ohne juristische Persönlichkeit dem BewG unterworfen, sofern sich in deren Aktiven ein Grundstück in der Schweiz befand oder deren tatsächlicher Zweck der Erwerb von Grundstücken war. Mit anderen Worten konnte sich ein Ausländer bewilligungsfrei auch nicht mit kleinstem Anteil an einer entsprechenden Gesellschaft beteiligen, wenn diese auch nur ein einziges Grundstück besass. Unerheblich war überdies, welche Bedeutung dieses Grundstück im Rahmen der gesamten Aktiven oder des Gesellschaftszwecks hatte. Diese Bestimmung wurde anlässlich der Revision 1997 an den neuen Art. 2 Abs. 2 lit. a BewG angepasst. Der Erwerb von Anteilen an vermögensfähigen Gesellschaften ohne juristische Persönlichkeit ist nur

noch dann bewilligungspflichtig, wenn der tatsächliche Zweck dieser Gesellschaft im Erwerb von Grundstücken liegt bzw. es sich um eine eigentliche Immobiliengesellschaft im Sinne des revidierten Rechts handelt (hinten Rz 167 ff.).

b) Erwerb von Anteilen an juristischen Personen

Das alte Recht kannte zwei Arten von Immobiliengesellschaften, die von Lehre und Rechtsprechung unterteilt wurden in die sog. «Immobiliengesellschaften im engeren Sinn» und die sog. «Immobiliengesellschaften im weiteren Sinn» (dazu eingehend BGE 115 Ib 102 ff.; 114 Ib 265 f.). Bei den letzteren handelte es sich um diejenigen Gesellschaften, deren Aktiven nach ihrem tatsächlichen Wert gerechnet zu mehr als einem Drittel aus Grundstücken in der Schweiz bestanden. Der Erwerb von Anteilen an solchen Gesellschaften war gemäss Art. 4 Abs. 1 lit. d altBewG dann bewilligungspflichtig, wenn Personen im Ausland durch den Erwerb eine beherrschende Stellung erhielten oder verstärkten. Dies war in der Regel dann der Fall, wenn Ausländer mehr als einen Drittel des Aktien-, Stamm- oder Genossenschafts- und gegebenenfalls des Partizipationsscheinkapitals besassen bzw. über mehr als einen Drittel der Stimmen in der General- oder Gesellschaftsversammlung verfügten (vorn Rz 73 ff.). Als «Immobiliengesellschaften im engeren Sinn» wurden nach altem Recht diejenigen Gesellschaften behandelt, deren tatsächlicher Zweck im Erwerb von Grundstücken lag. Gemäss Art. 4 Abs. 1 lit. e altBewG war jeder Erwerb von Anteilen an derartigen Immobiliengesellschaften der Bewilligungspflicht unterworfen. 164

In der Lex Koller ist der alte Art. 4 Abs. 1 lit. d BewG aufgehoben worden; lit. e derselben Bestimmung wurde jedoch unverändert beibehalten. Dies bedeutet, dass nach neuem Recht nur noch der Anteilserwerb an «Immobiliengesellschaften im engeren Sinn» bewilligungspflichtig ist. 165

3. Bedeutung des Wegfalls der Bewilligungspflicht für Betriebsstätte-Grundstücke

Vorn in Rz 130 ff. wurde das Thema «Erwerb von Betriebsstätten» ausführlich behandelt. Der Erwerb von Betriebsstätte-Grundstücken ist nach neuem Recht bewilligungsfrei möglich. Diese Neuerung hat auch auf die Bestimmungen betreffend Erwerb von Anteilen an Gesellschaften direkte Auswirkungen, auch wenn Art. 4 Abs. 1 lit. e BewG nicht geändert wurde. Hält eine Immobiliengesellschaft Betriebsstätte-Grundstücke, die ohne Bewilligung 166 direkt erworben werden können, muss auch der Erwerb von Anteilen an solchen Gesellschaften bewilligungsfrei möglich sein. Dies zeigt sich zunächst darin, dass im neuen Recht die ehemalige Bestimmung von Art. 4 Abs. 1 lit. d altBewG über den Erwerb von Anteilen an «Immobiliengesellschaften im weiteren Sinn» ersatzlos gestrichen wurde und damit also dieser Anteilserwerb schon von Gesetzes wegen nicht mehr der Bewilligungspflicht untersteht. Gleiches muss aber auch im Anwendungsbereich der beibehaltenen Bestimmung von Art. 4 Abs. 1 lit. e BewG gelten. Da die Betriebsstätte-Grundstücke als Objekt der Bewilligungspflicht weggefallen sind, sind sie auch bei den Immobiliengesellschaften im engeren Sinn als bewilligungsbegründende Tatsache weggefallen: Eine Immobiliengesellschaft nach neuem Recht, deren Anteilserwerb der Bewilligungspflicht unterliegt, liegt mit anderen Worten nur noch dann vor, wenn der Zweck dieser Gesellschaft im Halten bzw. im Erwerb von Grundstücken liegt, die nicht Betriebsstätte-Grundstücke sind. Wenn mit anderen Worten eine Immobiliengesellschaft bloss Betriebsstätte-Grundstücke hält, erwirbt bzw. zu erwerben bezweckt, ist sie nach neuem Recht keine Immobiliengesellschaft mehr, deren Anteilserwerb bewilligungspflichtig wäre. Dies wird zwar im Gesetz nicht in dieser Deutlichkeit erwähnt, hingegen in Art. 1 Abs. 1 lit. a BewV zum Ausdruck gebracht und ist auch anlässlich der parlamentarischen Debatte betont worden (Amtliches Bulletin der Bundesversammlung, April-Session 1997, NR S. 676 und SR S. 388). Art. 1 Abs. 1 lit. a BewV nennt als Immobiliengesellschaften solche Gesellschaften, deren Zweck im Erwerb von Grundstücken liegt, die nicht nach Art. 2 Abs. 2 lit. a BewG bewilligungsfrei erworben werden können. So einfach und offenbar leicht anwendbar dieser Grundsatz scheint, so schwierig dürfte dessen Anwendung in der Praxis sein.

II. Definition der Immobiliengesellschaft

1. Ungenügende Definition im BewG

167 Als Gesellschaft, deren Anteilserwerb bewilligungspflichtig ist, gilt gemäss Art. 4 Abs. 1 lit. e BewG eine Gesellschaft, «deren tatsächlicher Zweck der Erwerb von Grundstücken ist». Wie bereits vorn (Rz 164 f.) ausgeführt, ist diese Definition ungenügend bzw. – seit der Revision – irreführend, da die Betriebsstätten in der Lex Koller gedanklich nicht mehr zu berücksichtigen sind. In diesem Sinne müsste die Definition nach neuem Recht etwa wie folgt lauten:

II. Definition der Immobiliengesellschaft

Eine Immobiliengesellschaft im Sinne der Lex Koller liegt dann vor, wenn der tatsächliche Zweck dieser Gesellschaft im Erwerb von Grundstücken liegt, die nicht Betriebsstätte-Grundstücke sind. Dass es dabei keine Rolle spielt, ob entsprechende Betriebsstätte-Grundstücke der Gesellschaft als eigene Betriebsstätten dienen oder Dritten auf welche Art auch immer zur Verfügung gestellt werden, ist bereits dargestellt worden (vorn Rz 131). Es kommt einzig und allein darauf an, ob mit entsprechenden Grundstücken eine wirtschaftliche Tätigkeit ausgeübt wird (vorn Rz 136 f.). Ist dies der Fall, sind diese Grundstücke von der Bewilligungspflicht befreit.

168

Der Grundsatz ist auf einfache und klare Verhältnisse relativ leicht anwendbar: Eine Gesellschaft, in deren Aktiven sich nur Betriebsstätte-Grundstücke befinden bzw. deren Zweck nur im Erwerb von Betriebsstätte-Grundstücken oder deren Halten und Bewirtschaften liegt, ist keine Immobiliengesellschaft im Sinne der Lex Koller. In den wenigsten Fällen dürften aber derart einfache Sachverhalte vorliegen. In der Regel dürfte man es in der Praxis mit Gesellschaften zu tun haben, deren Grundstücke mindestens zum Teil nicht eindeutig Betriebsstätte-Grundstücke sind (noch nicht Betriebsstätten bzw. Reserven für zukünftige Erweiterungen von Betriebsstätten oder Reserveland). Zudem dürften Gesellschaften auftreten, die ihre Anlagen zum Teil in Betriebsstätte-Grundstücken tätigen, zum Teil aber auch Wohngrundstücke besitzen.

169

Das neue Recht hat also bezüglich des Erwerbs von Anteilen an Immobiliengesellschaften zwar Erleichterungen gebracht, aber auch zu neuen Schwierigkeiten geführt. Es ist unter neuem Recht noch schwieriger als früher, genau zu definieren, welche Immobiliengesellschaften für den Ausländer frei erwerbbar sind, oder in welchen Fällen ein Anteilserwerb bewilligungspflichtig ist. Es gibt zahlreiche Grenzfälle, die nicht eindeutig beurteilt werden können. Von daher dürfte denjenigen Immobiliengesellschaften, die sich ausländischen Investoren öffnen möchten, nichts anderes übrig bleiben, als bei den Bewilligungsbehörden einen «Persilschein» in Form einer Feststellungsverfügung einzuholen, dass die entsprechende Gesellschaft aufgrund der Zusammensetzung der Aktiven, insbesondere der Immobilien, für einen Anteilserwerb nicht der Bewilligungspflicht unterliegt. Dass eine solche Feststellungsverfügung periodisch bzw. zumindest bei Änderung der Verhältnisse, namentlich der Zusammensetzung der Aktiven, allenfalls angepasst oder neu eingeholt werden muss, liegt auf der Hand. Ohne derartige «Persilscheine» dürfte es Immobiliengesellschaften sehr schwer fallen, ohne weiteres an ausländisches Geld zu kommen bzw. wären entsprechende Investitionen für Ausländer mit zu grossem Risiko behaftet.

170

2. «Gemischte» Immobiliengesellschaften

a) Problematik

171 Das Gesetz regelt den Fall von Gesellschaften nicht, deren Zweck sowohl im Erwerb von Betriebsstätte-Grundstücken wie auch etwa von Wohngrundstücken oder Bauland liegt. Die Antwort, wie solche Gesellschaften unter der Lex Koller zu behandeln sind, ist durch Interpretation und Analogieschlüsse zu suchen. Sicherlich dürfte unmassgeblich sein, wenn eine Gesellschaft nur ein einziges Grundstück hält bzw. zu erwerben beabsichtigt, das der Bewilligungspflicht unterliegt (etwa eine Wohnliegenschaft) und dieses zudem unter Betrachtung sämtlicher Umstände im Rahmen der gesamten Gesellschaft und deren Zweck sowie der gesamten Aktiven relativ bedeutungslos ist. Einzelne der Bewilligungspflicht unterliegende Grundstücke können einer Gesellschaft nicht den Charakter einer Immobiliengesellschaft geben.

b) Lösungsansatz

172 Die Schwelle, ab welcher von einer Immobiliengesellschaft (deren Anteilserwerb bewilligungspflichtig ist) auszugehen ist, muss aufgrund des Ziels der Gesetzesrevision bestimmt werden. Die Lex Koller wollte eine Öffnung des Immobilienmarktes und damit sicher nicht strenger werden als die Lex Friedrich. Gemäss altem Art. 4 Abs. 1 lit. d BewG löste der Erwerb eines Anteils an einer juristischen Person erst dann eine Bewilligungspflicht aus, wenn im Rahmen der Gesamtaktiven die Grundstücke in der Schweiz nach ihrem tatsächlichen Wert mehr als einen Drittel dieser Aktiven ausmachten. Dieser Artikel bezog sich typischerweise auf die Betriebsstätte-Gesellschaften. In Tat und Wahrheit war die Bestimmung aber auf sämtliche Gesellschaften anwendbar, die in ihren Aktiven Grundstücke hatten. Bei «gemischten Immobiliengesellschaften» im Sinne der Lex Koller kann deshalb nach unserer Auffassung und per analogiam die Bewilligungspflicht auch erst dann zur Diskussion stehen, wenn die bewilligungspflichtigen Grundstücke im Rahmen der gesamten Aktiven mindestens einen Drittel betragen bzw. im Rahmen des Gesellschaftszwecks mindestens in der Grössenordnung eines Drittels relevant sind (in diesem Sinne auch Ch. Bandli, Baurecht 1/1998, S. 32 ff.). Diese Auslegung drängt sich unseres Erachtens auch deshalb auf, weil die Lex Koller nur noch einen Typ «Immobiliengesellschaft» kennt, bei dessen Vorliegen jeder (auch noch so geringe) Anteilserwerb bewilligungspflichtig wird (hinten Rz 179). Bei der Annahme einer solchen Immobiliengesellschaft ist deshalb – vor allem auch mit Blick auf börsenkotierte Gesellschaften – eine gewisse Zurückhaltung durchaus angebracht.

Solange sich noch keine eindeutige Praxis herausgebildet hat bzw. noch keine wesentlichen Entscheide vorliegen, kann nicht ausgeschlossen werden, dass die Rechtsanwendung wesentlich strenger sein wird. Die entstandene Rechtsunsicherheit kann nur dadurch beseitigt werden, dass bei den Bewilligungsbehörden in Grenzfällen Nichtunterstellungsverfügungen eingeholt werden (vorn Rz 170). 173

c) **Reserveland / Bauland**

Vorn in Rz 130 ff. «Erwerb von Betriebsstätten» wurden auch die Themen «Reserveland» bzw. «Bauland» behandelt. Auch beim Erwerb von Anteilen an Immobiliengesellschaften sind die angesprochenen Fragen wesentlich und dürften hier zu wohl noch grösseren Problemen führen, da Anteilserwerbe an Gesellschaften meist ohne behördliche Mitwirkung und ohne Hinzuziehung einer Urkundsperson erfolgen. 174

Für den Anteilserwerb an Immobiliengesellschaften ist aber speziell noch einmal darauf zu verweisen, was vorn unter Rz 172 ausgeführt wurde: Mindestens bis zu einem Drittel der Gesamtaktiven dürfen unserer Auslegung nach Grundstücke vorhanden sein, die nicht Betriebsstätten sind. Diese für Wohnbauten gemachte Aussage muss umsomehr für Baulandreserven bzw. für Bauland in Industrie- und Gewerbezonen gelten. 175

d) **Wohnungen mit Betriebsstätte-Charakter / Wohnungen aufgrund von Wohnanteilvorschriften**

Auch diesbezüglich kann auf die Ausführungen vorn in Rz 145 verwiesen werden. Wohnungen können wie ausgeführt Betriebsstätten-Charakter haben und sind dann selbstverständlich auch als Betriebsstätten zu behandeln. 176

Sofern Wohnungen bzw. bestimmte für Wohnungen reservierte oder zu reservierende Flächen durch Wohnanteilvorschriften vorgeschrieben sind, dürfen solche zusammen mit Betriebsstätten bewilligungsfrei miterworben werden und sind hinsichtlich des bewilligungsfreien Erwerbs gleich wie Betriebsstätten zu behandeln (vorn Rz 144). Das gleiche muss selbstverständlich im Rahmen des Erwerbs von Anteilen an Immobiliengesellschaften gelten. Derartige Wohnungen sind wie Betriebsstätten zu behandeln und fallen für die Frage der Bewilligungspflicht ausser Betracht. 177

3. Holdinggesellschaften

178 Bereits unter altem Recht wurde in Literatur und Rechtsprechung intensiv die Frage diskutiert, wie Holdinggesellschaften bzw. ganze Gesellschaftsgruppen nach Lex Friedrich zu behandeln sind (vgl. dazu auch BGE 115 Ib 108 f.). Wenn zumindest anfänglich noch teilweise von der Durchgriffstheorie ausgegangen wurde und ein Anteilserwerb an einer Holdinggesellschaft so betrachtet wurde, als ob (quasi durch die Holding hindurch) Direktbeteiligungen an gehaltenen Tochtergesellschaften (die allenfalls Immobiliengesellschaften waren) erworben würden (mit der Folge, dass sich sehr oft dadurch ein Bewilligungsgrund bzw. auch die Unmöglichkeit eines Erwerbs herausstellte), hat sich später die Konsolidierungstheorie, d.h. die Theorie einer Gesamtbetrachtung durchgesetzt. Demnach kommt es bei Holding- bzw. Gruppenverhältnissen nicht darauf an, ob sich in der Gruppe selbst eine Gesellschaft befindet, deren Erwerb bewilligungspflichtig wäre, sondern es ist danach zu fragen, wie sich die ganze Gruppe (konsolidiert als eine einheitliche Gesellschaft betrachtet) präsentiert. Nur dann, wenn diese Gruppe als solche und als ganzes betrachtet nach den oben konkretisierten Bedingungen eine Immobiliengesellschaft im Sinne der Lex Koller ist (vorn Rz 172), wäre ein Anteilserwerb bewilligungspflichtig, sonst nicht.

III. Erwerbsgeschäft

1. Grundsatz: Jeder Anteilserwerb ist bewilligungspflichtig

179 Das revidierte Recht enthält – und zwar in Art. 4 Abs. 1 lit. b sowie in Art. 4 Abs. 1 lit. e BewG – nur noch einen Grundtatbestand des bewilligungspflichtigen Anteilserwerbs, nämlich denjenigen, dass jeder und zwar auch der geringste Anteilserwerb an einer Immobiliengesellschaft (ob mit oder ohne juristische Persönlichkeit) der Bewilligungspflicht unterliegt. Der frühere bewilligungspflichtige Erwerb einer Beteiligung an juristischen Personen, die zu einer Beherrschung führte (Art. 4 Abs. 1 lit. d altBewG), ist aufgehoben worden (vorn Rz 165).

2. Kaufs-, Vorkaufs- und Rückkaufsrechte an Gesellschaftsanteilen

Die Bestimmung von Art. 4 Abs. 1 lit. f BewG, wonach auch die Begründung und Ausübung eines Kaufs-, Vorkaufs- oder Rückkaufsrechts an einem Anteil an einer Immobiliengesellschaft bewilligungspflichtig ist, ist beibehalten worden. Die Revision hat bloss Art. 4 Abs. 1 lit. d BewG ersatzlos gestrichen. Nach richtiger Auslegung unterliegen aber Anteile, deren Erwerb die Lex Koller bewilligungsfrei zulässt, auch nicht betreffend Einräumung von Kaufs-, Vorkaufs- und Rückkaufsrechten der Bewilligungspflicht.

180

3. Beteiligung an der Gründung und der Kapitalerhöhung von juristischen Personen

Art. 1 Abs. 1 lit. a BewV hat in leicht veränderter Form die alte Bestimmung übernommen, wonach als bewilligungspflichtiger Anteilserwerb auch die Beteiligung an der Gründung sowie unter Umständen an der Kapitalerhöhung einer Immobiliengesellschaft gilt (vorn Rz 58). Selbstverständlich kann auch hier nur dann von bewilligungspflichtigen Geschäften gesprochen werden, wenn es sich bei den zur Diskussion stehenden Gesellschaften um Immobiliengesellschaften im Sinn der Lex Koller handelt.

181

Eine nicht ganz unwesentliche Änderung ergibt sich, indem neu die Beteiligung an einer Kapitalerhöhung einer juristischen Person nur dann bewilligungspflichtig ist, wenn der Erwerber damit seine Stellung verstärkt, mit anderen Worten seine Beteiligung nach der Kapitalerhöhung eine grössere ist als vorher. Dies ist ein Unterschied zum alten Recht, wo jedes Mitmachen an einer Kapitalerhöhung als bewilligungspflichtig erachtet wurde, selbst dann, wenn sich die Beteiligung gar nicht verstärkte oder allenfalls sogar schwächer wurde.

182

IV. Beteiligung an einem Immobilienanlagefonds

Art. 4 Abs. 1 lit. c BewG, welcher die Beteiligung an einem Immobilienanlagefonds regelt, ist nicht geändert worden (vgl. dazu BGE 115 Ib 109 f.). Dass die Betriebsstätte-Grundstücke aus der Bewilligungspflicht herausgefallen sind, hat aber auch auf den Erwerb von Anteilen an Immobilienanlagefonds insofern Auswirkungen, als der Erwerb von Anteilen an Immobilienanlage-

183

fonds nur noch dann der Bewilligungspflicht unterliegt, wenn dessen Vermögen ganz oder zu einem überwiegenden Teil aus Grundstücken besteht, welche der Bewilligungspflicht unterliegen. Wenn mit andern Worten die Aktiven eines Immobilienanlagefonds ausschliesslich oder zu einem überwiegenden Teil aus Betriebsstätte-Grundstücken bestehen, ist in jedem Fall der Anteilserwerb nicht mehr bewilligungspflichtig – auch dann nicht, wenn die entsprechenden Anteilscheine auf dem Markt nicht regelmässig gehandelt werden. Bei regelmässigem Handel ist ohnehin (nach altem wie nach neuem Recht) ein Anteilserwerb nicht bewilligungspflichtig.

§ 6 Weitere Änderungen

I. Militärische Sicherheit

Gemäss Art. 12 lit. e altBewG musste die Bewilligung für den Erwerb eines Grundstücks in der Nähe einer wichtigen militärischen Anlage im Falle der Gefährdung der militärischen Sicherheit verweigert werden. Dieser zwingende Verweigerungsgrund war gemäss Art. 5 Abs. 2 altBewG auch gegenüber allen natürlichen Personen ausländischer Staatsangehörigkeit zu beachten. Art. 5 Abs. 2, 12 lit. e sowie die Zuständigkeitsregelungen in Art. 16 Abs. 3 und Art. 18 Abs. 4 altBewG wurden ersatzlos aufgehoben. Art. 21 Abs. 1 lit. b BewG wurde entsprechend angepasst. 184

Die Zweckmässigkeit der aufgehobenen Bestimmungen war aus heutiger Sicht in Frage gestellt. Seit Einführung dieser Bestimmungen in der Lex von Moos von 1961 hat sich die militärische Geheimhaltungspolitik stark verändert. Den Bestimmungen kam praktisch keine Bedeutung mehr zu. Bereits die verworfene Revision von 1995 sah eine entsprechende Aufhebung vor. Ein Ausländer konnte ohnehin auch gestützt auf einen langjährigen Mietvertrag in der Nähe einer wichtigen militärischen Anlage wohnen. Zudem konnte ein Verweigerungsentscheid geradezu auf das Bestehen einer wichtigen militärischen Anlage in der betreffenden Umgebung hinweisen. 185

Die Abschaffung der militärischen Sicherheitsprüfung erübrigt inskünftig jährlich Hunderte von Zustimmungsverfügungen. Es fällt somit ein erheblicher administrativer Aufwand weg. 186

II. Bewilligungen an Banken oder Versicherungseinrichtungen

Gemäss Art. 8 Abs. 1 lit. d altBewG wird der Erwerb eines Grundstücks bewilligt, wenn das Grundstück in Zwangsverwertungen und Liquidationsvergleichen zur Deckung gesicherter Forderungen ausländischer oder ausländisch beherrschter, in der Schweiz zum Geschäftsbetrieb zugelassener Banken und Versicherungseinrichtungen dient. Zweck dieser Bestimmung ist es, Banken und Versicherungseinrichtungen bei Zwangsvollstreckungen nicht dem Risiko auszusetzen, dass ihre Forderungen teilweise oder ganz unge- 187

§ 6 Weitere Änderungen

deckt bleiben, weil sie nicht mitbieten dürfen. Allerdings war mit der Bewilligung die Auflage zu verknüpfen, dass das Grundstück innert zweier Jahre seit dem Erwerb wieder veräussert wird. Diese Pflicht zur Wiederveräusserung wurde aufgehoben, indem der letzte Satzteil von Art. 8 Abs. 1 lit. d altBewG gestrichen wurde.

188 Der Verzicht auf die Veräusserungsverpflichtung wurde damit begründet, dass eine Schlechterstellung ausländischer und ausländisch beherrschter Banken und Versicherungsgesellschaften gegenüber schweizerischen Bank- und Versicherungsinstituten vermieden werden sollte (vorn Rz 103).

III. Liquidation vor dem 1. Februar 1974 gegründeter Immobiliengesellschaften

189 Der Katalog in Art. 7 BewG («Übrige Ausnahmen von der Bewilligungspflicht») wurde mit einer neuen lit. i ergänzt: Natürliche Personen bedürfen keiner Bewilligung, wenn sie infolge der Liquidation einer vor dem 1. Februar 1974 gegründeten juristischen Person, deren tatsächlicher Zweck der Erwerb von Grundstücken ist, eine Wohnung erwerben und sie nach den damals geltenden Vorschriften im entsprechenden Umfang Anteile an der juristischen Personen erworben hatten.

190 Nach dieser neuen Bestimmung können Ausländer ohne Bewilligung von einer zu liquidierenden Gesellschaft eine Wohnung übernehmen, die ihnen mittelbar aufgrund des Besitzes von Anteilen an dieser Gesellschaft wirtschaftlich bereits gehörte. Es sollen indessen nur diejenigen Wohnungen privilegiert werden, die vor dem Inkrafttreten der Lex Furgler (am 1. Februar 1974) rechtmässig in eine juristische Person eingebracht worden sind und an welcher der Ausländer seine Anteile nicht widerrechtlich erworben hat.

191 Mit der neuen Bestimmung soll insbesondere die Liquidation der in der Romandie verbreiteten Mieter-Aktiengesellschaften erleichtert werden. Wegen der Lex Friedrich waren diese Auflösungen praktisch nicht möglich, wenn Ausländer Anteile hielten und auf die indirekt ihnen gehörenden Wohnungen nicht verzichten wollten.

§ 7 Verfahren

I. Grundsätzliche Auswirkungen der Revision

1. Direkter Grundbuch- bzw. Handelsregistereintrag

Der Erwerb von nicht bewilligungspflichtigen Grundstücken gemäss Lex Koller, insbesondere von Betriebsstätte-Grundstücken und Hauptwohnungen, kann direkt im Grundbuch eingetragen werden (vgl. aber vorn Rz 63, hinten Rz 212 ff. und 217 ff.). Die vorgängige Einholung einer Bewilligung bei der zuständigen Behörde ist nicht mehr nötig. Es entfällt somit eine verfahrensrechtliche Komplikation, die sich immer wieder auch wirtschaftlich nachteilig auswirkte. So müssen die Kaufverträge bei bewilligungsfreien Grundstückerwerben nicht mehr mit der Bedingung versehen werden, dass der betreffende Vertrag nur vollzogen wird, wenn die zuständige Behörde dem Erwerb zustimmt. Die Notwendigkeit entsprechender Bedingungen im Verpflichtungsgeschäft konnte den Ausländer auf dem Immobilienmarkt benachteiligen. Diese Behinderung im Wettbewerb durch schwebende Rechtsgeschäfte ist wenigstens für die nicht bewilligungspflichtigen Grundstückerwerbe beseitigt. Abgesehen davon entfällt mit der Revision auch ein erheblicher administrativer Aufwand.

192

2. Beschränkte materielle Prüfung der Grundbuch- und Handelsregisterämter

Da nur bestimmte Grundstücke oder Anteile an juristischen Personen bewilligungsfrei erworben werden können, muss bei einem direkten Vollzug ohne Beteiligung der Bewilligungsbehörde das zuständige Grundbuch- oder Handelsregisteramt prüfen, ob der Tatbestand eines bewilligungsfreien Grundstückerwerbs erfüllt ist. Die Vollzugsbehörden sollen indessen nicht zu Bewilligungsbehörden werden. Sie haben den Grundstückerwerb durch Ausländer nach messbaren Richtlinien in klaren Fällen zu vollziehen. Wegleitungen und Richtlinien bilden dabei den Massstab (hinten Rz 213 ff.). In diesem Sinne trifft die Grundbuch- und Handelsregisterämter eine beschränkte materielle Prüfungspflicht. Hier ist aber zu fordern, dass die betreffenden Ämter diese Prüfungspflicht mit einer gewissen Beherztheit auch wahrnehmen. Es wäre mit dem Zweck der Gesetzesrevision nicht vereinbar, wenn die Voll-

193

zugsbehörden – wie bis anhin – jeden Erwerber von bewilligungsfreien Grundstücken, dessen subjektive Bewilligungspflicht nicht ohne weiteres ausgeschlossen werden kann, zur Einholung einer Feststellungsverfügung über die Nichtbewilligungspflicht an die zuständige kantonale Bewilligungsbehörde verweisen würden (so auch Ziff. 11.4 der Wegleitung an die Grundbuchämter; vgl. aber hinten Rz 211).

3. Unveränderte Verfahrensbestimmungen

a) Zwangsversteigerung

194 Die Besonderheit der betreibungsrechtlichen Zwangsversteigerung besteht darin, dass das Eigentum bereits durch den betreibungsrechtlichen Zuschlag übergeht und die Eintragung im Grundbuch nur noch deklaratorischer Natur ist. Die sich daraus ergebenden besonderen Bestimmungen der Lex Friedrich wurden unverändert in die Lex Koller übernommen (Art. 19 BewG, Art. 18 BewV).

b) Behörden und Rechtsmittelinstanzen

195 Die Bestimmungen über die zuständigen Behörden des Bundes und der Kantone sind im wesentlichen unverändert belassen worden (mit Ausnahme geringfügiger Anpassungen im Zusammenhang mit der Aufhebung des Verweigerungsgrundes der Gefährdung militärischer Sicherheit). Nach wie vor haben die Kantone die Bewilligungsbehörden, die beschwerdeberechtigten Behörden und die Beschwerdeinstanzen (mit Ausnahme derjenigen des Bundes) zu bezeichnen (Art. 15 BewG). Lediglich im Bereich staatspolitischer Interessen sind Bundesbehörden involviert (Art. 16 BewG). Zur zuständigen Behörde bei fehlendem Ort des Grundstücks: BGE 114 Ib 267.

c) Zivil-, straf- und verwaltungsrechtliche Sanktionen

196 Unangetastet blieben auch die zivilrechtlichen Sanktionen. Nach wie vor hat eine Verletzung der Lex Koller die Unwirksamkeit und allenfalls die Nichtigkeit des Rechtsgeschäfts zur Folge. Die Unwirksamkeit eines Rechtsgeschäfts bezeichnet denjenigen Zustand, der bei einem bewilligungspflichtigen Ewerb besteht, bevor über eine Bewilligung entschieden ist. Die Nichtigkeit des Rechtsgeschäfts tritt ein, wenn ein Bewilligungsverfahren rechtskräftig mit negativem Ausgang abgeschlossen wird, oder wenn ein Rechtsgeschäft über

einen bewilligungspflichtigen Erwerb vollzogen wird, ohne dass um die Bewilligung nachgesucht wird oder bevor die Bewilligung rechtskräftig erteilt ist.

Was die strafrechtlichen Sanktionen betrifft, so blieb Art. 28 BewG («Umgehung der Bewilligungspflicht») unverändert (dazu BGE 123 IV 167 ff.). Art. 29 Abs. 1 BewG («Unrichtige Angaben»; dazu im einzelnen BGE 121 IV 185 ff.) hat einzig dahingehend eine Änderung erfahren, als der Tatbestand der Angabe unrichtiger oder unvollständiger Tatsachen im Zusammenhang mit Lex Koller-relevanten Geschäften um den Adressatenkreis der Grundbuchverwalter und Handelsregisterführer erweitert wurde. Unter der Lex Friedrich bezog sich die Strafbestimmung lediglich auf unrichtige oder unvollständige Angaben gegenüber der zuständigen Bewilligungsbehörde. Eine Ergänzung von Art. 29 Abs. 1 BewG war erforderlich, weil gestützt auf die Revision insbesondere die Grundbuchverwalter eine beschränkte materielle Prüfung der Bewilligungspflicht bzw. -befreiung im Bereich der Betriebsstätten und Hauptwohnungen vornehmen müssen (vorn Rz 193). 197

Die verwaltungsrechtlichen Sanktionen wurden um den Tatbestand der nachträglichen Feststellung der Bewilligungspflicht ergänzt (hinten Rz 225 f.). 198

II. Grundbuchlicher Vollzug des bewilligungsfreien Erwerbs

1. Allgemeines

a) Grundbuchrechtliche Grundsätze

Die Verordnung über das Grundbuch (GBV, SR 211.432.1) enthält allgemeine Bestimmungen darüber, wie Geschäfte zu behandeln sind, die einer Bewilligungspflicht unterliegen. Unter anderem sind die Voraussetzungen geregelt, unter welchen das Grundbuchamt die anmeldende Person an die Bewilligungsbehörde verweisen soll. Ferner regelt die GBV die Fälle, in denen die Anmeldung abgewiesen werden muss. 199

Sieht ein Bundesgesetz vor, dass der Grundbuchverwalter eine Anmeldung im Hauptbuch nicht vollziehen darf, bevor eine andere Behörde darüber entschieden hat, ob das angemeldete Geschäft einer Bewilligung bedarf, so schreibt der Grundbuchverwalter die Anmeldung im Tagebuch ein und setzt 200 dem Anmeldenden die vom anwendbaren Gesetz vorgesehene Frist zur Einleitung des Bewilligungsverfahrens an (Art. 24a Abs. 1 GBV). Es ist somit in jedem Fall eine Anmeldung ins Tagebuch einzuschreiben, selbst wenn der Erwerber an die Bewilligungsbehörde verwiesen werden muss.

201 Wird das Bewilligungsverfahren innert der vorgeschriebenen Frist eingeleitet, so merkt der Grundbuchverwalter dies im Hauptbuch an (Art. 24a Abs. 2 GBV). Die Anmerkung wird von Amtes wegen gelöscht, wenn die Anmeldung im Hauptbuch vollzogen wird oder wenn sie rechtskräftig abgewiesen worden ist (Art. 24a Abs. 4 GBV). Wird das Bewilligungsverfahren nicht fristgerecht eingeleitet oder wird die Bewilligung verweigert, so weist der Grundbuchverwalter die Anmeldung ab (Art. 24a Abs. 3 GBV).

b) Eintragungen in das Hauptbuch

202 Das Erwerbsgeschäft ist entsprechend der Anmeldung in das Hauptbuch einzutragen, wenn das Grundbuchamt festgestellt hat, dass die Voraussetzungen für einen bewilligungsfreien Erwerb erfüllt sind.

203 Falls eine rechtskräftige Feststellungsverfügung der Bewilligungsbehörde oder einer Beschwerdeinstanz vorliegt, dass der Erwerb bewilligungsfrei ist, kann die Eintragung im Hauptbuch ebenfalls erfolgen. Es verhält sich gleich wie beim Vorliegen einer rechtskräftigen, noch nicht abgelaufenen Bewilligung der zuständigen Behörde.

204 Falls eine Bewilligung die Bedingung enthält, dass vorerst ein anderes Grundstück zu veräussern ist (Art. 11 Abs. 1 BewV), so hat das Grundbuchamt sicherzustellen, dass das Erwerbsgeschäft nur eingetragen wird, wenn das Veräusserungsgeschäft vorher oder spätestens gleichzeitig ebenfalls eingetragen wird (Ziff. 23.2 der Wegleitung für die Grundbuchämter).

c) Verweisung des Erwerbers an die Bewilligungsbehörde in Zweifelsfällen

205 Falls das Grundbuchamt die Bewilligungspflicht nicht ausschliessen kann, so setzt es das Verfahren aus und räumt dem Erwerber eine Frist von 30 Tagen ein, um die Bewilligung oder die Feststellung einzuholen, dass er keiner Bewilligung bedarf (Art. 18 Abs. 1 BewG). Abgesehen von der Anmeldung im Tagebuch wartet der Grundbuchverwalter mit weiteren grundbuchlichen Handlungen zu, bis die dem Erwerber angesetzte Frist abgelaufen ist bzw. ein rechtskräftiger Entscheid der Bewilligungsbehörde vorliegt. Die Verweisung

an die Bewilligungsbehörde ist keine selbständig anfechtbare Verfügung des Grundbuchamtes (BGE 101 Ib 441).

d) **Abweisung der Anmeldung**

Die Anmeldung ist abzuweisen, wenn eine offensichtlich notwendige Bewilligung nicht vorliegt, wenn sie verwirkt, verweigert oder (vor der Anmeldung) widerrufen worden ist (Art. 18 Abs. 1 und Art. 19 Abs. 3 BewG, Art. 12 Abs. 1 BewV). Die Anmeldung ist ferner abzuweisen, wenn der Erwerber die ihm gesetzte Frist von 30 Tagen nicht eingehalten hat, um eine Bewilligung oder die Feststellung einzuholen, dass er keiner Bewilligung bedarf (Art. 18 Abs. 1 und Art. 19 Abs. 3 BewG). Sodann ist eine Anmeldung abzuweisen, wenn ihr eine nach der Lex Koller oder dem früheren Recht angemerkte Auflage entgegensteht und eine entsprechende Anmerkung nicht gelöscht werden kann. Dies betrifft insbesondere den Fall der Weiterveräusserung während der Sperrfrist nach Art. 11 Abs. 2 lit. c BewV. Für die Abkürzung der Sperrfrist ist eine Bewilligung nötig, um die jedoch nicht der Erwerber, sondern der Veräusserer nachsuchen muss (Ziff. 25.15 der Wegleitung an die Grundbuchämter). 206

Gegen die Abweisung einer Anmeldung im Grundbuch gestützt auf die Lex Koller ist die Beschwerde an die nach dem BewG zuständige Beschwerdeinstanz zulässig (Art. 18 Abs. 3 BewG). Die Beschwerde tritt an die Stelle der Grundbuchbeschwerde nach Art. 103 GBV. Weist das Grundbuchamt dieselbe Anmeldung aus anderen Gründen ab, so ist in dieser Hinsicht die Grundbuchbeschwerde gegeben. 207

e) **Auflagen, Anmerkung und Löschung**

Auflagen in Bewilligungen gemäss Lex Koller sind im Grundbuch grundsätzlich anzumerken (Art. 14 und Art. 11 Abs. 2 BewV). Zur Widerrufbarkeit von Auflagen: BGE 118 Ib 178 ff.; BGE 112 Ib 5 ff. Die Anmerkung ist rein deklaratorischer Natur, hat also keine konstitutive Wirkung. Der Grundeigentümer hat daher einen Anspruch auf Löschung der Anmerkung, sobald deren gesetzliche Grundlage dahingefallen ist. Anmerkungen, die einer gesetzlichen Grundlage entbehren und die mit dem materiellen Recht in Widerspruch stehen, werden vom Grundbuchverwalter allerdings nicht von Amtes wegen gelöscht. Der dinglich Berechtigte hat deshalb die Löschung der betreffenden Anmerkung zu beantragen. 208

209 Anmerkungen können im Grundbuch gelöscht werden, wenn beispielsweise die Sperrfrist für die Weiterveräusserung abgelaufen ist, wenn das Grundstück an eine nicht bewilligungspflichtige Person übertragen wird (mit Ausnahme der Auflagen betreffend Apparthotels, Art. 10 BewG, Art. 7. Abs. 2 und Art. 11 Abs. 2 lit. g BewV), oder wenn das Grundstück mit einer neuen Bewilligung an eine andere bewilligungspflichtige Person übertragen wird.

210 Es können ferner Auflagen gelöscht werden, die an eine Bewilligung für den Erwerb eines Betriebsstätte-Grundstücks oder einer Hauptwohnung geknüpft worden sind, da diese Grundstückerwerbe nicht mehr bewilligungspflichtig sind. Ebenso können Anmerkungen gelöscht werden, die im Zusammenhang mit den weiteren Liberalisierungen der Lex Koller ihre gesetzliche Grundlage verloren haben.

211 Der Grundbuchverwalter ist nicht zuständig, von sich aus sichernde Bestimmungen, insbesondere in Form von Anmerkungen, im Grundbuch einzutragen. Ist ein Grundstückerwerb nur dann gesetzeskonform, wenn sichernde Massnahmen getroffen werden, kann er nicht als offenkundig bewilligungsfrei qualifiziert werden. Der Erwerber ist diesfalls an die zuständige Bewilligungsbehörde zu verweisen. Der Grundbuchverwalter hat Auflagen nur dann anzumerken, wenn dies im Bewilligungsentscheid ausdrücklich angeordnet ist (Ziff. 81.1 der Wegleitung für die Grundbuchämter).

2. Erwerb von Betriebsstätte-Grundstücken

212 Im Rahmen der beschränkten Prüfungspflicht betreffend das Vorliegen eines Betriebsstätte-Grundstücks hat das Grundbuchamt zu untersuchen, ob nicht eine verbotene Kapitalanlage im Sinne von Art. 12 lit. a BewG getätigt wird. In diesem Zusammenhang ist insbesondere zu prüfen, ob Wohneigentum miterworben oder erstellt werden soll. Des weiteren ist zu untersuchen, ob die Fläche des Grundstücks nicht grösser ist, als es der Verwendungszweck erfordert, denn Art. 12 lit. b BewG ist im Rahmen der Liberalisierung der Lex Friedrich nicht aufgehoben worden (vorn Rz 121).

213 Das Grundbuchamt und die Steigerungsbehörde verzichten auf eine Verweisung des Erwerbers an die Bewilligungsbehörde zur Abklärung der Bewilligungspflicht, wenn gemäss Art. 18 Abs. 1 BewV drei Voraussetzungen erfüllt sind:

214 Erstens hat der Erwerber nachzuweisen, dass das Grundstück für die Ausübung einer wirtschaftlichen Tätigkeit eines Unternehmens dient. Gemäss

Ziff. 32.111 der Wegleitung für die Grundbuchämter kann der Nachweis durch eine Bestätigung der Gemeinde, eine aktuelle Grundstücksbeschreibung, Angaben über die Zonenzugehörigkeit, Baupläne, eine Baubewilligung, andere Belege oder eigene Kenntnisse des Grundbuchamtes erbracht werden.

Zweitens hat der Erwerber beim Kauf eines Grundstücks, das nicht überbaut ist, schriftlich zu erklären, dass er es zum Zweck einer wirtschaftlichen Tätigkeit überbauen wird (Art. 18a Abs. 1 lit. b BewV). Betrifft der Erwerb leerstehende Gebäude, ist eine schriftliche Erklärung der entsprechenden Nutzung zu verlangen. Die Erklärung muss sich auf eine Bautätigkeit oder Nutzung in der Zukunft beziehen. Ebenso hat der Grundbuchverwalter eine schriftliche Erklärung des Erwerbers einzuholen, wonach eine allfällige Landreserve betrieblich genutzt wird (Art. 18 Abs. 1 lit. b BewV), denn das Halten von Bauland gilt als verbotene Kapitalanlage auch dann, wenn es nicht in einer Wohnzone liegt (vorn Rz 147 f.; Ziff. 31.2 der Wegleitung für die Grundbuchämter). 215

Drittens hat der Erwerber nachzuweisen, dass die Landreserven für einen Ausbau des Unternehmens einen Drittel der gesamten Fläche nicht übersteigen (Art. 18a Abs. 1 lit. b BewV; vorn Rz 142 f.). Die Landreserven sollen für einen mittelfristigen Planungshorizont genügen. Der betrieblich bereits genutzte Anteil ist nicht eng auszulegen. So muss das Grundstück nicht zwingend zu zwei Dritteln mit einem Gebäude überstellt sein. Auch Lagerplätze, Parkplätze, Zufahrtswege und ähnlich genutzte Parzellenflächen gelten als betrieblich genutzt (Ziff. 32.112 der Wegleitung für die Grundbuchämter). 216

3. Erwerb von Hauptwohnungen

Die formellen Voraussetzungen für einen direkten Grundbucheintrag des Erwerbs einer Hauptwohnung sind in Art. 18a Abs. 2 BewV geregelt. Auf eine Verweisung an die zuständige Bewilligungsbehörde ist dann zu verzichten, wenn die drei Voraussetzungen der genannten Bestimmungen erfüllt sind: 217

Erstens hat der Erwerber eine gültige Aufenthaltsbewilligung zur Wohnsitznahme (Ausländerausweis B) oder eine andere entsprechende Berechtigung vorzulegen. 218

Zweitens hat der Erwerber schriftlich zu bestätigen, dass er das Grundstück als Hauptwohnung für sich und seine Familie nutzen wird (Art. 18a Abs. 2 lit. b BewV). In diesem Zusammenhang hat das Grundbuchamt zu prüfen, 219 ob keine verbotene Kapitalanlage getätigt wird. Dies bedeutet insbesondere, dass nicht mehr als eine Wohnung erworben oder erstellt wird. Falls Bauland erworben wird, muss das Wohnhaus innert kurzer Frist erstellt sein (Ziff. 41.2 der Wegleitung für die Grundbuchämter). Zudem darf die Grundstücksfläche nicht grösser sein, als es der Verwendungszweck erfordert (Art. 12 lit. b BewG; vorn Rz 159). Gemäss der Wegleitung für die Grundbuchämter (Ziff. 41.2) muss die Möglichkeit ausgeschlossen sein, dass das Grundstück ohne weiteres mit zusätzlichen Wohnbauten überbaut, allenfalls parzelliert und anschliessend veräussert werden kann. Erscheinen sichernde Bestimmungen als erforderlich, müssen diese von der Bewilligungsbehörde verfügt werden. Im Rahmen der zulässigen Grundstückgrösse von 3'000 m² muss es dem Erwerber jedenfalls freistehen, einen grösseren Parzellenteil unüberbaut zu lassen.

In diesem Zusammenhang hat der Erwerber zusätzlich schriftlich zu erklären, dass er sich spätestens innert sechs Monaten in der Wohnung niederlassen wird, wenn dies nicht umgehend erfolgt (Ziff. 42.16 der Wegleitung für die Grundbuchämter). Beim Erwerb von Bauland hat der Käufer nachzuweisen, dass er bereits im Besitze einer rechtskräftigen Baubewilligung ist und das Grundstück in einer Zone liegt, in der ein Einfamilienhaus erstellt werden kann. Sodann hat er gemäss Ziff. 42.17 der Wegleitung für die Grundbuchämter schriftlich zu erklären, dass er innert einem Jahr mit dem Bau seiner Hauptwohnung beginnen wird.

220 Drittens hat der Erwerber nachzuweisen, dass die Fläche seines Grundstücks 3'000 m² nicht übersteigt. Ist bei Flächen über 3'000 m² für das Grundbuchamt anhand von Plänen, Fotos oder eigener Kenntnis ohne weiteres ersichtlich, dass eine Parzellierung des Grundstücks unverhältnismässig wäre, kann der Erwerber ebenfalls direkt im Grundbuch eingetragen werden. Ein über 3'000 m² grosses Grundstück kann insbesondere bewilligungsfrei erworben werden, wenn der Grenzverlauf, ein Steilhang, Wald, eine Böschung oder Mauern die Unmöglichkeit einer Parzellierung nahelegen. Bewilligungfrei können auch Grundstücke mit über 3'000 m² erworben werden, wenn der Ausländer einen Mehrbedarf nachweisen kann, weil er beispielsweise Pferde hält, eine Parkanlage plant oder ein Schwimmbad einrichten will (Ziff. 42.14 der Wegleitung für die Grundbuchämter). Daraus geht hervor, dass das Kriterium der Grundstücksgrösse sicherstellen will, dass eine Liegenschaft mit einer Hauptwohnung nicht nachträglich abparzelliert, oder sonst nicht als Hauptwohnung genutzt wird, es mit anderen Worten nicht zu einer (verbotenen) Kapitalanlage kommen kann.

Die genannten Erklärungen können in der notariellen Urkunde betreffend 221
dem Grundstückerwerb enthalten sein.

III. Prüfung durch das Handelsregisteramt

Der Handelsregisterführer hat grundsätzlich wie der Grundbuchverwalter zu 222
verfahren (vgl. Art. 18 Abs. 2 BewG; zum alten Recht: BGE 114 Ib 261 ff.).

Mit der Befreiung der Betriebsstätte-Grundstücke von der Bewilligungs- 223
pflicht ist die Aufgabe der Handelsregisterämter in klaren Fällen einfacher
geworden. Ein Erwerbsgeschäft muss nur dann an die zuständige Bewilligungsbehörde überwiesen werden, wenn die Eintragung in das Handelsregister im Zusammenhang mit einer Beteiligung eines Ausländers an einer vermögensfähigen Gesellschaft ohne juristische Persönlichkeit oder an einer juristischen Person steht, deren Zweck der Erwerb von oder der Handel mit Grundstücken ist, die nicht bewilligungsfrei erworben werden können (Art. 18b BewV), die mit anderen Worten nicht als Betriebsstätten dienen. Dabei ist gleichgültig, ob der entsprechende Zweck aus den Statuten hervorgeht oder nur tatsächlich verfolgt wird. Ein direkter Eintrag ist somit bei sog. Wohnungs-Immobiliengesellschaften nicht möglich.

Für sog. gemischte Immobiliengesellschaften gilt das vorn Ausgeführte, wo- 224
nach unserer Auslegung nach bis zu einem Drittel der gesamten Aktiven auch
bewilligungspflichtige Grundstücke miterworben werden dürfen (vorn
Rz 172 f.). Bis sich in dieser Frage eine klare Praxis herausgebildet hat, werden die Handelsregisterämter jedoch die anmeldenden Personen an die Bewilligungsbehörde verweisen (vgl. auch Ziff. 13 und 32.1 der Richtlinien für die kantonalen Handelsregisterämter).

IV. Nachträgliche Feststellung der Bewilligungspflicht

Gemäss Art. 25 Abs. 1 BewG wird die Bewilligung von Amtes wegen wider- 225
rufen, wenn der Erwerber sie durch unrichtige Angaben erschlichen hat oder eine Auflage trotz Mahnung nicht einhält. Mit der weitgehenden Befreiung von der Bewilligungspflicht in der Lex Koller ist ein direkter Eintrag des Erwerbs insbesondere von Betriebsstätten und Hauptwohnungen im Grundbuch möglich. In denjenigen Fällen, in denen keine Bewilligung mehr zu

erteilen ist, kann diese auch nicht widerrufen werden, weil sie etwa gesetzeswidrig erschlichen worden ist. Es wurde deshalb eine neue Bestimmung in das Gesetz aufgenommen, wonach die Bewilligungspflicht von Amtes wegen nachträglich festgestellt werden kann.

226 Gemäss Art. 25 Abs. 1bis BewG wird die Bewilligungspflicht von Amtes wegen nachträglich festgestellt, wenn der Erwerber einer zuständigen Behörde, dem Grundbuchverwalter oder dem Handelsregisterführer über Tatsachen, die für die Bewilligungspflicht von Bedeutung sind, unrichtige oder unvollständige Angaben gemacht hat. Eine nachträgliche Feststellung der Bewilligungspflicht war nach der Rechtsprechung zwar schon nach altem Recht möglich. Die Ergänzung im Gesetz bedeutet aber eine sinnvolle Klarstellung dieses Grundsatzes, nachdem wegen der Liberalisierung der Lex Friedrich vermehrt entsprechende Sachverhalte auftreten können. Die Angaben müssen sich auf Tatsachen beziehen. Diese können vergangene oder gegenwärtige Geschehnisse oder Zustände sein, nicht aber künftige Ereignisse. Von letzteren zu unterscheiden sind sog. innere Tatsachen, die ebenfalls Gegenstand falscher Angaben sein können. Darunter fällt beispielsweise der aktuelle Wille, künftig eine Betriebsstätte zu errichten.

V. Unwirksamkeit und Nichtigkeit von Grundstückerwerben

1. Allgemeines

227 Gemäss Art. 26 BewG bleiben Rechtsgeschäfte über einen Erwerb, für den der Erwerber einer Bewilligung bedarf, ohne rechtskräftige Bewilligung unwirksam. Sie werden nichtig, wenn der Erwerber das Rechtsgeschäft vollzieht, ohne um die Bewilligung nachzusuchen, bevor die Bewilligung in Rechtskraft erwachsen ist, oder wenn die Bewilligungsbehörde die Bewilligung rechtskräftig verweigert oder widerrufen hat (Art. 26 Abs. 2 BewG mit weiteren Tatbestandsregelungen; zum Begriff des Vollzugs: BGE 123 IV 170 ff.). Solange noch keine Bewilligung erteilt ist, bleibt das Geschäft in einem Schwebezustand. Es hat für die Vertragsparteien bedingte Verbindlichkeit. Wird die Bewilligung erteilt, wird das Geschäft definitiv verbindlich. Wird die Bewilligung verweigert, wird das Geschäft mangels Bewilligung nicht verbindlich und somit unwirksam. Ist das Rechtsgeschäft bereits vollzogen, ist es nichtig. Zur Klage auf Feststellung der Nichtigkeit einer juristischen Person: BGE 112 II 1 ff.; 191 ff.

Obwohl diese Rechtsfolgen zivilrechtlicher Natur sind, sind sie von Amtes 228
wegen zu beachten (Art. 26 Abs. 3 BewG; BGE 112 II 361). Sie unterliegen
keiner Verjährung. Unwirksamkeit bedeutet, dass versprochene Leistungen
nicht gefordert werden können. Ist ein vollzogenes Rechtsgeschäft nichtig,
können bereits erfolgte Leistungen in der Regel innert der Frist eines Jahres zurückgefordert werden und kann ein rechtswidriger Zustand allenfalls
durch Zwangsvollstreckung wieder in einen rechtmässigen Zustand überführt werden.

2. Bedeutung für bewilligungsfreie Grundstückerwerbe

Unwirksam oder nichtig gestützt auf Art. 26 BewG können nur Rechtsge- 229
schäfte sein, die tatsächlich bewilligungspflichtig sind. Stellt sich nach dem
Vollzug eines Erwerbs heraus, dass das Geschäft bewilligungspflichtig und
nicht bewilligungsfähig war, ist es nichtig, unabhängig davon, wann die
Nichtigkeit festgestellt wird. Die bloss rechtskräftige Verweigerung eines bewilligungspflichtigen Erwerbs ohne die Erfüllung weiterer Voraussetzungen,
wie beispielsweise ein vorsätzliches Verschweigen von relevanten Tatsachen,
genügt, dass ein Rechtsgeschäft nichtig ist. Deshalb besteht zumindest theoretisch bei jedem Grundstückerwerb die Gefahr, dass im nachhinein eine Bewilligungspflicht angenommen wird.

Zwar kann in diesen Fällen kaum davon ausgegangen werden, dass diese 230
Rechtsgeschäfte in einem Schwebezustand verbleiben. Es kann auch kaum
von einer bestimmten, vorläufigen Ungewissheit über die Gültigkeit des Geschäftes gesprochen werden, denn dem Grundbuchverwalter und dem Handelsregisterführer ist eine beschränkte Prüfungspflicht auferlegt, wenigstens
nach formellen Kriterien die Voraussetzungen eines bewilligungsfreien
Grundstückerwerbs zu prüfen (vorn Rz 193). Dennoch ist die Gefahr nicht
von der Hand zu weisen, dass insbesondere wegen der Rechtsfolge der unverjährbaren Nichtigkeit des Rechtsgeschäfts in einem späteren Zeitpunkt die
Ungültigkeit des Erwerbs festgestellt wird. Daher sollte der Erwerber bereits
beim Vorliegen leisester Zweifel an der Möglichkeit eines bewilligungsfreien
Erwerbs die Frage der Bewilligungspflicht rechtskräftig entscheiden lassen.

3. Feststellungsverfügungen

Gemäss Art. 17 Abs. 1 BewG hat der Erwerber ganz allgemein die Pflicht, 231
sich immer dann selbst um eine Bewilligung oder eine Nicht-Unterstellungs-

verfügung zu kümmern, wenn sich die Bewilligungspflicht nicht ohne weiteres ausschliessen lässt. Die gesetzlichen Bestimmungen enthalten keine ausdrückliche Regelung zur Frage, wann sich die Bewilligungspflicht nicht ohne weiteres ausschliessen lässt. Bei den bewilligungspflichtigen Erwerbern dürfte dies nur dann der Fall sein, wenn auch nicht die geringsten Zweifel an dieser Frage bestehen. Bei den Sachverhalten, die unter die Tatbestände des bewilligungsfreien Erwerbs fallen, ist indessen zu beachten, dass die Grundbuch- und Handelsregisterämter als Vollzugsbehörden eine beschränkte materielle Prüfungspflicht haben. Auf diese Prüfung muss sich der Erwerber verlassen können, sicherlich so lange, als er sich bei der Abwicklung des Geschäfts keine Vorwürfe gefallen lassen muss im Hinblick auf ein allfälliges Verschweigen rechtserheblicher Tatsachen oder eine Vorspiegelung falscher Tatsachen, usw.

232 Da aber die Pflicht des Erwerbers, ein allenfalls notwendiges Bewilligungsverfahren selbst anzustreben, in der Revision unverändert geblieben ist, muss der Erwerber auch weiterhin den Anspruch haben, dass die zuständige Bewilligungsbehörde jeden von einem Erwerber vorgetragenen Fall an die Hand nimmt, prüft und einen Entscheid erlässt. Aus Gründen der Rechtssicherheit ist dieser Anspruch auf Prüfung ohne Einschränkung zu bejahen, auch wenn Art. 15 Abs. 1 BewV in seiner Formulierung davon ausgeht, dass der Erwerber die Bewilligungsbehörde nur dann um ihren Entscheid zu ersuchen hat, wenn sich die Bewilligungspflicht «nicht ohne weiteres ausschliessen lässt».

§ 8 Übergangsrecht

I. Hängige Rechtsgeschäfte

Gemäss den Übergangsbestimmungen der Lex Koller ist das Gesetz auf Rechtsgeschäfte anwendbar, die vor dessen Inkrafttreten am 1. Oktober 1997 abgeschlossen, aber noch nicht vollzogen worden oder nicht rechtskräftig entschieden sind. Das neue Recht ist somit nicht nur auf Anwendungsfälle hängiger Bewilligungs- oder Rechtsmittelverfahren anwendbar, sondern auch auf am Stichtag des 1. Oktobers 1997 noch nicht vollzogene Verpflichtungsgeschäfte. Rechtskräftig bewilligte Geschäfte können somit beispielsweise auch nach Ablauf der Bewilligungsdauer im Grundbuch eingetragen oder anderweitig vollzogen werden, wenn sie nach neuem Recht bewilligungsfrei sind. 233

II. Vollzogene Rechtsgeschäfte

Dagegen sollen die Übergangsbestimmungen nach der ausdrücklichen Auffassung des Gesetzgebers verhindern, dass bereits vollzogene Umgehungsgeschäfte nachträglich geheilt werden. Zivilrechtlich nichtige Geschäfte, die bereits vollzogen worden sind, können daher nur dadurch in einen rechtmässigen Zustand versetzt werden, indem das betreffende Rechtsgeschäft zivilrechtlich neu vereinbart wird und der Erwerber gestützt darauf den Vollzug erneut beim Grundbuch- bzw. Handelsregisteramt anmeldet. Ob und wie das neue Verpflichtungsgeschäft zwischen den früheren Vertragsparteien neu geregelt wird, ist eine privatrechtliche Angelegenheit zwischen den Parteien. 234

III. Auflagen nach altem Recht

An eine Bewilligung geknüpfte Auflagen fallen von Gesetzes wegen dahin, wenn das neue Recht sie nicht mehr vorschreibt oder es den Erwerb nicht mehr der Bewilligungspflicht unterstellt (Abs. 2 der Schlussbestimmungen zum BewG; vorn Rz 28 ff.). In diesen Fällen ist eine gesetzliche Grundlage 235 für die betreffenden Auflagen nicht mehr vorhanden. Die Löschung der Auflagen im Grundbuch ist allerdings vom Erwerber zu beantragen.

236 Kann der Grundbuchverwalter nicht ohne weiteres feststellen, ob eine Auflage von Gesetzes wegen dahin gefallen ist, verweist er den Anmeldenden an die Bewilligungsbehörde. Art. 18 Abs. 1 des BewG ist sinngemäss anwendbar (Abs. 3 der Schlussbestimmungen zum BewG).

IV. Kantonale Grundsatzbewilligungen

237 Kantonale Grundsatzbewilligungen, die nicht befristet worden sind, verfallen am 31. Dezember 2000, soweit von ihnen nicht Gebrauch gemacht worden ist (Art. 12 Abs. 4 BewV).

Bundesgesetz

über den Erwerb von Grundstücken durch
Personen im Ausland (BewG)

vom 16. Dezember 1983 mit Änderungen vom 30. April 1997
(in Kraft seit 1. Oktober 1997)

1. Kapitel: Zweck und Grundsätze

Art. 1   Zweck

Dieses Gesetz beschränkt den Erwerb von Grundstücken durch Personen im Ausland, um die Überfremdung des einheimischen Bodens zu verhindern.

Art. 2   Bewilligungspflicht

[1] Personen im Ausland bedürfen für den Erwerb von Grundstücken einer Bewilligung der zuständigen kantonalen Behörde.

[2] Keiner Bewilligung bedarf der Erwerb, wenn:
   a. das Grundstück als ständige Betriebsstätte eines Handels-, Fabrikations- oder eines anderen nach kaufmännischer Art geführten Gewerbes, eines Handwerksbetriebes oder eines freien Berufes dient;
   b. das Grundstück dem Erwerber als natürlicher Person als Hauptwohnung am Ort seines rechtmässigen und tatsächlichen Wohnsitzes dient; oder
   c. eine Ausnahme nach Artikel 7 vorliegt.

[3] Beim Erwerb von Grundstücken nach Absatz 2 Buchstabe a können durch Wohnanteilvorschriften vorgeschriebene Wohnungen oder dafür reservierte Flächen miterworben werden.

Art. 3   Bundesrecht und kantonales Recht

[1] Die Bewilligung wird nur aus den Gründen erteilt, die dieses Gesetz vorsieht.

[2] Die Kantone können zur Wahrung ihrer unterschiedlichen Interessen zusätzliche Bewilligungsgründe und weitergehende Beschränkungen vorsehen, soweit dieses Gesetz sie dazu ermächtigt.

2. Kapitel: Bewilligungspflicht

Art. 4 Erwerb von Grundstücken

¹ Als Erwerb eines Grundstückes gilt:
  a. der Erwerb des Eigentums, eines Baurechts, eines Wohnrechts oder der Nutzniessung an einem Grundstück;
  b. die Beteiligung an einer vermögensfähigen Gesellschaft ohne juristische Persönlichkeit, deren tatsächlicher Zweck der Erwerb von Grundstücken ist;
  c. der Erwerb des Eigentums oder der Nutzniessung an einem Anteil an einem Immobilienanlagefonds, dessen Anteilscheine auf dem Markt nicht regelmässig gehandelt werden, oder an einem ähnlichen Vermögen;
  d. (aufgehoben)
  e. der Erwerb des Eigentums oder der Nutzniessung an einem Anteil an einer juristischen Person, deren tatsächlicher Zweck der Erwerb von Grundstücken ist;
  f. die Begründung und Ausübung eines Kaufs-, Vorkaufs- oder Rückkaufsrechts an einem Grundstück oder an einem Anteil im Sinne der Buchstaben b, c und e;
  g. der Erwerb anderer Rechte, die dem Erwerber eine ähnliche Stellung wie dem Eigentümer eines Grundstückes verschaffen.

² Als Erwerb eines Grundstückes gilt auch, wenn eine juristische Person oder eine vermögensfähige Gesellschaft ohne juristische Persönlichkeit ihren statutarischen oder tatsächlichen Sitz ins Ausland verlegt und Rechte an einem Grundstück beibehält, das nicht nach Artikel 2 Absatz 2 Buchstabe a bewilligungsfrei erworben werden kann.

Art. 5 Personen im Ausland

¹ Als Personen im Ausland gelten:
  a. natürliche Personen, die nicht das Recht haben, sich in der Schweiz niederzulassen;
  b. juristische Personen oder vermögensfähige Gesellschaften ohne juristische Persönlichkeit, die ihren statutarischen oder tatsächlichen Sitz im Ausland haben;
  c. juristische Personen oder vermögensfähige Gesellschaften ohne juristische Persönlichkeit, die ihren statutarischen und tatsächlichen Sitz in der Schweiz haben und in denen Personen im Ausland eine beherrschende Stellung innehaben;
  d. natürliche Personen mit dem Recht auf Niederlassung oder juristische Personen oder vermögensfähige Gesellschaften ohne juristische Persönlichkeit mit Sitz in der Schweiz, wenn sie ein Grundstück für Rechnung von Personen im Ausland erwerben.

² (aufgehoben)

Art. 6 Beherrschende Stellung

¹ Eine Person im Ausland hat eine beherrschende Stellung inne, wenn sie aufgrund ihrer finanziellen Beteiligung, ihres Stimmrechtes oder aus anderen Gründen allein oder gemeinsam mit anderen Personen im Ausland die Verwaltung oder Geschäftsführung entscheidend beeinflussen kann.

² Die Beherrschung einer juristischen Person durch Personen im Ausland wird vermutet, wenn diese:
  a. mehr als einen Drittel des Aktien-, Stamm- oder Genossenschafts- und gegebenenfalls des Partizipationsscheinkapitals besitzen;
  b. über mehr als einen Drittel der Stimmen in der General- oder Gesellschafterversammlung verfügen;
  c. die Mehrheit des Stiftungsrates oder der Begünstigten einer Stiftung des privaten Rechts stellen;
  d. der juristischen Person rückzahlbare Mittel zur Verfügung stellen, die mehr als die Hälfte der Differenz zwischen den Aktiven der juristischen Person und ihren Schulden gegenüber nicht bewilligungspflichtigen Personen ausmachen.

³ Die Beherrschung einer Kollektiv- oder Kommanditgesellschaft durch Personen im Ausland wird vermutet, wenn eine oder mehrere von ihnen:
  a. unbeschränkt haftende Gesellschafter sind;
  b. der Gesellschaft als Kommanditäre Mittel zur Verfügung stellen, die einen Drittel der Eigenmittel der Gesellschaft übersteigen;
  c. der Gesellschaft oder unbeschränkt haftenden Gesellschaftern rückzahlbare Mittel zur Verfügung stellen, die mehr als die Hälfte der Differenz zwischen den Aktiven der Gesellschaft und ihren Schulden gegenüber nicht bewilligungspflichtigen Personen ausmachen.

Art. 7 Übrige Ausnahmen von der Bewilligungspflicht

Keiner Bewilligung bedürfen:
  a. gesetzliche Erben im Sinne des schweizerischen Rechts im Erbgang;
  b. Verwandte des Veräusserers in auf- und absteigender Linie sowie dessen Ehegatte;
  c. Geschwister des Veräusserers, die bereits Mit- oder Gesamteigentum am Grundstück haben;
  d. Stockwerkeigentümer für den Tausch ihrer Stockwerke im selben Objekt;
  e. der Erwerber, der ein Grundstück als Realersatz bei einer Enteignung, Landumlegung oder Güterzusammenlegung nach dem Recht des Bundes oder des Kantons erhält;
  f. der Erwerber, der ein Grundstück als Ersatz für ein anderes erwirbt, das er an eine öffentlichrechtliche Körperschaft oder Anstalt veräussert hat;
  g. der Erwerber, der eine geringfügige Fläche infolge einer Grenzbereinigung oder infolge einer Erhöhung der Wertquote von Stockwerkeigentum erwirbt;

h. ausländische Staaten und internationale Organisationen des Völkerrechts, wenn sie ein Grundstück zu einem in der Schweiz anerkannten öffentlichen Zweck erwerben, oder andere Erwerber, wenn das staatspolitische Interesse des Bundes es gebietet; die Fläche darf nicht grösser sein, als es der Verwendungszweck erfordert;
i. natürliche Personen, die infolge der Liquidation einer vor dem 1. Februar 1974 gegründeten juristischen Person, deren tatsächlicher Zweck der Erwerb von Grundstücken ist, eine Wohnung erwerben, wenn sie nach den damals geltenden Vorschriften im entsprechenden Umfang Anteile an der juristischen Person erworben haben.

3. Kapitel: Bewilligungs- und Verweigerungsgründe

Art. 8 Allgemeine Bewilligungsgründe

[1] Der Erwerb wird bewilligt, wenn das Grundstück dienen soll:
a. *(aufgehoben)*
b. als Kapitalanlage aus der Geschäftstätigkeit ausländischer und ausländisch beherrschter, in der Schweiz zum Geschäftsbetrieb zugelassener Versicherungseinrichtungen, sofern die allgemein anerkannten Anlagegrundsätze beachtet werden und der Wert aller Grundstücke des Erwerbers die von der Versicherungsaufsichtsbehörde als technisch notwendig erachteten Rückstellungen für das Schweizer Geschäft nicht übersteigt;
c. zur Personalvorsorge von inländischen Betriebsstätten oder zu ausschliesslich gemeinnützigen Zwecken, wenn der Erwerber für das Grundstück von der direkten Bundessteuer befreit ist;
d. zur Deckung pfandgesicherter Forderungen ausländischer und ausländisch beherrschter, in der Schweiz zum Geschäftsbetrieb zugelassener Banken und Versicherungseinrichtungen in Zwangsverwertungen und Liquidationsvergleichen.

[2] Einem Erben, welcher der Bewilligung bedarf und keinen Bewilligungsgrund hat, wird der Erwerb mit der Auflage bewilligt, das Grundstück innert zweier Jahre wieder zu veräussern.

[3] Einer natürlichen Person, die von einer anderen eine Haupt-, Zweit- oder Ferienwohnung oder eine Wohneinheit in einem Apparthotel erwirbt und dafür mangels kantonaler Bestimmungen oder infolge einer örtlichen Bewilligungssperre keinen Bewilligungsgrund hat, wird die Bewilligung erteilt, wenn ein Härtefall für den Veräusserer vorliegt. Als Härtefall gilt eine nachträglich eingetretene, unvorhersehbare Notlage des Veräusserers, die er nur abwenden kann, indem er das Grundstück an eine Person im Ausland veräussert. Eine Bewilligung aus diesem Grunde wird auf das kantonale Bewilligungskontingent für den Erwerb von Ferienwohnungen und Wohneinheiten in Apparthotels angerechnet.

Art. 9 Zusätzliche kantonale Bewilligungsgründe

¹ Die Kantone können durch Gesetz bestimmen, dass der Erwerb bewilligt wird, wenn das Grundstück dient:
  a. dem sozialen Wohnungsbau nach kantonalem Recht und ohne Bundeshilfe in Orten, die unter Wohnungsnot leiden, oder wenn sich auf dem Grundstück solche neuerstellten Wohnbauten befinden;
  b. (*aufgehoben*)
  c. einer natürlichen Person als Zweitwohnung an einem Ort, zu dem sie aussergewöhnlich enge, schutzwürdige Beziehungen unterhält, solange diese andauern.

² Die Kantone können ausserdem durch Gesetz bestimmen, dass einer natürlichen Person der Erwerb als Ferienwohnung oder als Wohneinheit in einem Apparthotel im Rahmen des kantonalen Kontingents bewilligt werden kann.

³ Die Kantone bestimmen periodisch die Orte, die nach einem genehmigten Entwicklungskonzept im Sinne des Bundesrechts über die Investitionshilfe in Berggebieten oder nach einer gleichwertigen amtlichen Planung des Erwerbs von Ferienwohnungen oder von Wohneinheiten in Apparthotels durch Personen im Ausland bedürfen, um den Fremdenverkehr zu fördern.

Art. 10 Apparthotels

Als Apparthotel gilt ein neues oder zu erneuerndes Hotel im Stockwerkeigentum des Betriebsinhabers, von Personen im Ausland und gegebenenfalls von Drittpersonen, wenn es folgende Voraussetzungen erfüllt:
  a. Eigentum des Betriebsinhabers an den besonderen Anlagen und Einrichtungen für den Hotelbetrieb und an den Wohneinheiten im Umfang von insgesamt mindestens 51 Prozent der Wertquoten;
  b. dauernde hotelmässige Bewirtschaftung der Wohneinheiten im Umfange von mindestens 65 Prozent der darauf entfallenden Wertquoten, einschliesslich aller dem Betriebsinhaber gehörenden Wohneinheiten;
  c. angemessenes Dienstleistungsangebot, entsprechende bauliche und betriebliche Eignung sowie mutmassliche Wirtschaftlichkeit des Hotels gestützt auf ein Gutachten der Schweizerischen Gesellschaft für Hotelkredit.

Art. 11 Bewilligungskontingente

¹ Der Bundesrat bestimmt nach Anhören der Kantonsregierungen, jeweils für die Dauer von zwei Jahren, die jährlichen kantonalen Bewilligungskontingente für den Erwerb von Ferienwohnungen und Wohneinheiten in Apparthotels im Rahmen einer gesamtschweizerischen Höchstzahl; er berücksichtigt dabei die staatspolitischen und volkswirtschaftlichen Interessen des Landes.

² Er setzt diese Höchstzahl schrittweise herab. Wenn es die volkswirtschaftlichen Interessen des Landes zwingend erfordern und es staatspolitischen Interessen nicht

widerspricht, kann er diese Zahl beibehalten oder vorübergehend hinaufsetzen, ohne jedoch die für die erste zweijährige Periode festgesetzte Höchstzahl zu überschreiten.

[3] Er bemisst die kantonalen Kontingente nach der Bedeutung des Fremdenverkehrs für die Kantone, den touristischen Entwicklungsplanungen und dem Anteil an ausländischem Grundeigentum auf ihrem Gebiet.

[4] Die Kantone regeln die Verteilung der Bewilligungen aus ihrem Kontingent.

Art. 12   Zwingende Verweigerungsgründe

Die Bewilligung wird auf jeden Fall verweigert, wenn:
  a. das Grundstück einer nach diesem Gesetz unzulässigen Kapitalanlage dient;
  b. die Fläche grösser ist, als es der Verwendungszweck erfordert;
  c. der Erwerber versucht hat, dieses Gesetz zu umgehen;
  d. dem Erwerber einer Zweitwohnung, einer Ferienwohnung oder einer Wohneinheit in einem Apparthotel, seinem Ehegatten oder seinen Kindern unter 20 Jahren bereits eine solche Wohnung in der Schweiz gehört;
  e. (*aufgehoben*)
  f. der Erwerb staatspolitischen Interessen widerspricht.

Art. 13   Weitergehende kantonale Beschränkungen

[1] Die Kantone können durch Gesetz den Erwerb von Ferienwohnungen und von Wohneinheiten in Apparthotels weitergehend einschränken, indem sie insbesondere:
  a. eine Bewilligungssperre einführen;
  b. den Erwerb von Ferienwohnungen nur im Rahmen von Stockwerkeigentum oder einer anderen Gesamtheit mehrerer Ferienwohnungen zulassen;
  c. für eine Gesamtheit von Ferienwohnungen und für Wohneinheiten in Apparthotels den Erwerb nur bis zu einer bestimmten Quote des Wohnraums zulassen;
  d. zugunsten von Personen, die keiner Bewilligung bedürfen, ein Vorkaufsrecht zum Verkehrswert einführen;
  e. den Erwerb auf das Baurecht, das Wohnrecht oder die Nutzniessung beschränken.

[2] Die Gemeinden können diese Einschränkungen von sich aus einführen. Die Kantone regeln das Verfahren.

Art. 14   Bedingungen und Auflagen

[1] Die Bewilligung wird unter Bedingungen und Auflagen erteilt, die sicherstellen, dass das Grundstück zu dem vom Erwerber geltend gemachten Zweck verwendet wird.

² Der Bundesrat regelt die Mindestbedingungen und -auflagen, soweit dieses Gesetz sie nicht regelt, und den Verfall von Bewilligungen.
³ Auflagen sind im Grundbuch anzumerken.
⁴ Sie können auf Antrag des Erwerbers aus zwingenden Gründen widerrufen werden.
⁵ Wird die Bewilligungspflicht verneint, weil Personen im Ausland keine beherrschende Stellung innehaben, so ist diese Feststellung an die Auflage zu knüpfen, dass der Erwerber vor jeder Änderung der Verhältnisse, welche die Bewilligungspflicht begründen könnte, erneut um die Feststellung nachzusuchen hat.

4. Kapitel: Behörden und Verfahren

Art. 15   Kantonale Behörden

¹ Jeder Kanton bezeichnet:
  a. eine oder mehrere Bewilligungsbehörden, die über die Bewilligungspflicht, die Bewilligung und den Widerruf einer Bewilligung oder Auflage entscheiden;
  b. eine beschwerdeberechtigte Behörde, die auch den Widerruf einer Bewilligung oder die Einleitung eines Strafverfahrens verlangen und auf Beseitigung des rechtswidrigen Zustandes klagen kann;
  c. eine Beschwerdeinstanz.
² Zuständig ist die Behörde am Ort des Grundstückes; beim Erwerb von Anteilen an juristischen Personen oder der Beteiligung an einer vermögensfähigen Gesellschaft ohne juristische Persönlichkeit ist die Behörde zuständig, in deren Amtsbereich wertmässig der grösste Teil der Grundstücke liegt.
³ Das Eidgenössische Justiz- und Polizeidepartement entscheidet in Kompetenzkonflikten zwischen den Behörden verschiedener Kantone.

Art. 16   Bundesbehörden

¹ Der Bundesrat stellt nach Anhören der Kantonsregierung fest, ob:
  a. es sich um einen Erwerb handelt, für den der Erwerber aus Gründen des staatspolitischen Interesses des Bundes keiner Bewilligung bedarf;
  b. der Erwerb staatspolitischen Interessen widerspricht; trifft dies zu, so verweigert er die Bewilligung.
² Das Eidgenössische Departement für auswärtige Angelegenheiten stellt nach Anhören der Kantonsregierung fest, ob der Erwerber ein ausländischer Staat oder eine internationale Organisation des Völkerrechts ist und das Grundstück zu einem in der Schweiz anerkannten öffentlichen Zweck erwirbt.
³ (*aufgehoben*)

⁴ In den übrigen Fällen sind das Eidgenössische Justiz- und Polizeidepartement und, soweit dieses Gesetz es vorsieht, das Bundesamt für Justiz zuständig.

Art. 17   Bewilligungsverfahren

¹ Erwerber, deren Bewilligungspflicht sich nicht ohne weiteres ausschliessen lässt, haben spätestens nach dem Abschluss des Rechtsgeschäftes oder, mangels dessen, nach dem Erwerb um die Bewilligung oder die Feststellung nachzusuchen, dass sie keiner Bewilligung bedürfen.

² Die Bewilligungsbehörde eröffnet ihre Verfügung mit Begründung und Rechtsmittelbelehrung den Parteien, der Gemeinde, in der das Grundstück liegt, und mit den vollständigen Akten der beschwerdeberechtigten kantonalen Behörde.

³ Verzichtet die beschwerdeberechtigte kantonale Behörde auf eine Beschwerde oder zieht sie diese zurück, so eröffnet sie die Verfügung mit den vollständigen Akten kostenlos dem Bundesamt für Justiz.

Art. 18   Grundbuch und Handelsregister

¹ Kann der Grundbuchverwalter die Bewilligungspflicht nicht ohne weiteres ausschliessen, so setzt er das Verfahren aus und räumt dem Erwerber eine Frist von 30 Tagen ein, um die Bewilligung oder die Feststellung einzuholen, dass er keiner Bewilligung bedarf; er weist die Anmeldung ab, wenn der Erwerber nicht fristgerecht handelt oder die Bewilligung verweigert wird.

² Der Handelsregisterführer verfährt wie der Grundbuchverwalter; er verweist jedoch eine juristische Person oder vermögensfähige Gesellschaft ohne juristische Persönlichkeit, die ihren Sitz von der Schweiz ins Ausland verlegt, vor der Löschung in jedem Falle an die Bewilligungsbehörde.

³ Die abweisende Verfügung des Grundbuchverwalters und des Handelsregisterführers unterliegt der Beschwerde an die nach diesem Gesetz zuständige kantonale Beschwerdeinstanz; diese Beschwerde tritt an die Stelle der Beschwerde an die Aufsichtsbehörde für das Grundbuch oder Handelsregister.

⁴ (*aufgehoben*)

Art. 19   Zwangsversteigerung

¹ Ersteigert jemand ein Grundstück in einer Zwangsversteigerung, so hat er der Steigerungsbehörde nach dem Zuschlag schriftlich zu erklären, ob er eine Person im Ausland ist, namentlich ob er auf Rechnung einer Person im Ausland handelt; er ist darauf und auf die Bewilligungspflicht von Personen im Ausland für den Erwerb von Grundstücken in den Steigerungsbedingungen aufmerksam zu machen.

² Besteht Gewissheit über die Bewilligungspflicht und liegt noch keine rechtskräftige Bewilligung vor, oder lässt sich die Bewilligungspflicht ohne nähere Prüfung

nicht ausschliessen, so räumt die Steigerungsbehörde dem Erwerber unter Mitteilung an den Grundbuchverwalter eine Frist von zehn Tagen ein, um:
  a. die Bewilligung oder die Feststellung einzuholen, dass der Erwerber keiner Bewilligung bedarf;
  b. den Kaufpreis sicherzustellen, wobei für die Dauer der Sicherstellung ein jährlicher Zins von 5 Prozent zu entrichten ist;
  c. die Kosten einer erneuten Versteigerung sicherzustellen.

[3] Handelt der Erwerber nicht fristgerecht oder wird die Bewilligung rechtskräftig verweigert, so hebt die Steigerungsbehörde unter Mitteilung an den Grundbuchverwalter den Zuschlag auf und ordnet eine neue Versteigerung an.

[4] Die Aufhebungsverfügung der Steigerungsbehörde unterliegt der Beschwerde an die nach diesem Gesetz zuständige kantonale Beschwerdeinstanz; diese Beschwerde tritt an die Stelle der Beschwerde an die Aufsichtsbehörde für Schuldbetreibung und Konkurs.

[5] Wird bei der erneuten Versteigerung ein geringerer Erlös erzielt, so haftet der erste Ersteigerer für den Ausfall und allen weiteren Schaden.

Art. 20 Beschwerde an die kantonale Beschwerdeinstanz

[1] Der Beschwerde an die kantonale Beschwerdeinstanz unterliegen die Verfügungen der Bewilligungsbehörde, des Grundbuchverwalters, des Handelsregisterführers und der Steigerungsbehörde.

[2] Das Beschwerderecht steht zu:
  a. dem Erwerber, dem Veräusserer und anderen Personen, die ein schutzwürdiges Interesse an der Aufhebung oder Änderung der Verfügung haben;
  b. der beschwerdeberechtigten kantonalen Behörde oder, wenn diese auf die Beschwerde verzichtet oder sie zurückzieht, dem Bundesamt für Justiz;
  c. der Gemeinde, in der das Grundstück liegt, gegen eine Bewilligung, gegen die Feststellung, dass der Erwerber keiner Bewilligung bedarf, und gegen den Widerruf einer Auflage.

[3] Die Beschwerdefrist beträgt 30 Tage seit der Eröffnung der Verfügung an die Parteien oder die beschwerdeberechtigte Behörde.

[4] Die kantonale Beschwerdeinstanz eröffnet ihren Entscheid mit Begründung und Rechtsmittelbelehrung den beschwerdeberechtigten Personen, der Bewilligungsbehörde und, kostenlos, den beschwerdeberechtigen Behörden.

Art. 21 Beschwerde an Bundesbehörden

[1] Eidgenössische Beschwerdeinstanzen sind:
  a. das Bundesgericht für Verwaltungsgerichtsbeschwerden gegen Entscheide kantonaler Beschwerdeinstanzen und des Eidgenössischen Justiz- und Polizeidepartements;

b. der Bundesrat für Beschwerden gegen Verfügungen des Eidgenössischen Departements für auswärtige Angelegenheiten;

c. das Eidgenössische Justiz- und Polizeidepartement für Beschwerden gegen Verfügungen des Bundesamtes für Justiz.

² Die zur Beschwerde an die kantonale Beschwerdeinstanz berechtigten Parteien und Behörden sind auch zur Verwaltungsgerichtsbeschwerde an das Bundesgericht berechtigt.

³ Die Verwaltungsgerichtsbeschwerde ist auch zulässig gegen Entscheide gestützt auf kantonales öffentliches Recht; rügt der Beschwerdeführer die Verletzung einer Bestimmung selbständigen kantonalen Rechts, so beschränkt sich die Prüfung durch das Bundesgericht auf Willkür.

Art. 22 Beweiserhebung

¹ Die Bewilligungsbehörde und die kantonale Beschwerdeinstanz stellen den Sachverhalt von Amtes wegen fest. Sie stellen nur auf Vorbringen ab, die sie geprüft und über die sie nötigenfalls Beweis erhoben haben.

² Die Bewilligungsbehörde, die kantonale Beschwerdeinstanz, das Bundesgericht und, ausserhalb eines Verfahrens dieser Behörde, die beschwerdeberechtigte kantonale Behörde und das Bundesamt für Justiz können Auskunft über alle Tatsachen verlangen, die für die Bewilligungspflicht oder die Bewilligung von Bedeutung sind.

³ Auskunftspflichtig ist, wer von Amtes wegen, berufsmässig, vertraglich, als Organ einer juristischen Person oder Gesellschaft ohne juristische Persönlichkeit oder eines Anlagefonds durch Finanzierung oder auf andere Weise an der Vorbereitung, dem Abschluss oder dem Vollzug eines Rechtsgeschäftes über den Erwerb mitwirkt; er hat auf Verlangen auch Einsicht in die Geschäftsbücher, Korrespondenzen oder Belege zu gewähren und sie herauszugeben.

⁴ Die Behörde kann zu Ungunsten des Erwerbers entscheiden, wenn ein Auskunftspflichtiger die notwendige und zumutbare Mitwirkung verweigert.

Art. 23 Vorsorgliche Massnahmen

¹ Die kantonalen Behörden und, ausserhalb eines Verfahrens, auch das Bundesamt für Justiz können vorsorgliche Massnahmen anordnen, um einen rechtlichen oder tatsächlichen Zustand unverändert zu erhalten.

² Die Beschwerde gegen eine vorsorgliche Verfügung hat keine aufschiebende Wirkung.

Art. 24 Rechts- und Amtshilfe

[1] Die Verwaltungs- und Gerichtsbehörden des Bundes und der Kantone leisten sich gegenseitig Rechts- und Amtshilfe.

[2] Behörden und Beamte, die in ihrer amtlichen Eigenschaft Widerhandlungen wahrnehmen oder Kenntnis davon erhalten, sind verpflichtet, sie sofort der zuständigen kantonalen Strafverfolgungsbehörde, der beschwerdeberechtigten kantonalen Behörde oder dem Bundesamt für Justiz anzuzeigen.

[3] Die zuständigen Behörden liefern dem Bundesamt für Justiz die zur Führung und Veröffentlichung einer Statistik über den Erwerb von Grundstücken durch Personen im Ausland notwendigen Angaben; das Bundesamt für Justiz erteilt den zuständigen Behörden Auskunft über Tatsachen, die für die Bewilligungspflicht oder die Bewilligung von Bedeutung sind.

5. Kapitel: Sanktionen

1. Abschnitt: Verwaltungsrecht

Art. 25 Widerruf der Bewilligung und nachträgliche Feststellung der Bewilligungspflicht

[1] Die Bewilligung wird von Amtes wegen widerrufen, wenn der Erwerber sie durch unrichtige Angaben erschlichen hat oder eine Auflage trotz Mahnung nicht einhält.

[1bis] Die Bewilligungspflicht wird von Amtes wegen nachträglich festgestellt, wenn der Erwerber einer zuständigen Behörde, dem Grundbuchverwalter oder dem Handelsregisterführer über Tatsachen, die für die Bewilligungspflicht von Bedeutung sind, unrichtige oder unvollständige Angaben gemacht hat.

[2] Sanktionen nach dem Ausländerrecht bleiben vorbehalten.

2. Abschnitt: Zivilrecht

Art. 26 Unwirksamkeit und Nichtigkeit

[1] Rechtsgeschäfte über einen Erwerb, für den der Erwerber einer Bewilligung bedarf, bleiben ohne rechtskräftige Bewilligung unwirksam.

[2] Sie werden nichtig, wenn:
  a. der Erwerber das Rechtsgeschäft vollzieht, ohne um die Bewilligung nachzusuchen oder bevor die Bewilligung in Rechtskraft tritt;
  b. die Bewilligungsbehörde die Bewilligung rechtskräftig verweigert oder widerrufen hat;

c. der Grundbuchverwalter oder Handelsregisterführer die Anmeldung abweist, ohne dass die Bewilligungsbehörde die Bewilligung vorgängig verweigert hat;
d. die Steigerungsbehörde den Zuschlag aufhebt, ohne dass die Bewilligungsbehörde die Bewilligung vorgängig verweigert hat.

[3] Unwirksamkeit und Nichtigkeit sind von Amtes wegen zu beachten.

[4] Sie haben zur Folge, dass:
a. versprochene Leistungen nicht gefordert werden dürfen;
b. Leistungen innerhalb eines Jahres zurückgefordert werden können, seit der Kläger Kenntnis von seinem Rückforderungsanspruch hat, oder innerhalb eines Jahres seit Abschluss eines Strafverfahrens, spätestens aber innerhalb von zehn Jahren seit die Leistung erbracht worden ist;
c. von Amtes wegen auf Beseitigung eines rechtswidrigen Zustandes geklagt wird.

Art. 27   Beseitigung des rechtswidrigen Zustandes

[1] Die beschwerdeberechtigte kantonale Behörde oder, wenn diese nicht handelt, das Bundesamt für Justiz, klagt gegen die Parteien beim Richter am Ort der gelegenen Sache auf:
a. Wiederherstellung des ursprünglichen Zustandes, wenn ein Grundstück auf Grund eines mangels Bewilligung nichtigen Rechtsgeschäftes erworben wurde;
b. Auflösung der juristischen Person mit Verfall ihres Vermögens an das Gemeinwesen im Falle von Artikel 57 Absatz 3 des Schweizerischen Zivilgesetzbuches.

[2] Erweist sich die Wiederherstellung des ursprünglichen Zustandes als unmöglich oder untunlich, so ordnet der Richter die öffentliche Versteigerung nach Vorschriften über die Zwangsverwertung von Grundstücken an. Der Erwerber kann nur seine Gestehungskosten beanspruchen; ein Mehrerlös fällt dem Kanton zu.

[3] Die Klage auf Wiederherstellung des ursprünglichen Zustandes entfällt, wenn die Parteien ihn wieder hergestellt haben oder ein gutgläubiger Dritter das Grundstück erworben hat.

[4] Beide Klagen sind anzubringen:
a. innerhalb eines Jahres seit einem rechtskräftigen Entscheid, der die Nichtigkeit bewirkt;
b. im übrigen innerhalb von zehn Jahren seit dem Erwerb, wobei die Klagefrist während eines Verwaltungsverfahrens ruht;
c. spätestens bis zur Verjährung der Strafverfolgung, wenn diese länger dauert.

[5] Für den Schutz gutgläubig erworbener dinglicher Rechte und die Ersatzpflicht gilt Artikel 975 Absatz 2 des Schweizerischen Zivilgesetzbuches.

3. Abschnitt: Strafrecht

Art. 28   Umgehung der Bewilligungspflicht

[1] Wer vorsätzlich ein mangels Bewilligung nichtiges Rechtsgeschäft vollzieht oder als Erbe, der für den Erwerb der Bewilligung bedarf, nicht fristgerecht um diese nachsucht, wird mit Gefängnis oder mit Busse bis zu 100 000 Franken bestraft.
[2] Handelt der Täter gewerbsmässig, so ist die Strafe Gefängnis nicht unter sechs Monaten.
[3] Handelt der Täter fahrlässig, so ist die Strafe Busse bis zu 50 000 Franken.
[4] Stellt der Täter den ursprünglichen Zustand wieder her, so kann der Richter die Strafe mildern.

Art. 29   Unrichtige Angaben

[1] Wer vorsätzlich einer zuständigen Behörde, dem Grundbuchverwalter oder dem Handelsregisterführer über Tatsachen, die für die Bewilligungspflicht oder für die Bewilligung von Bedeutung sind, unrichtig oder unvollständige Angaben macht oder einen Irrtum dieser Behörden arglistig benutzt, wird mit Gefängnis oder mit Busse bis zu 100 000 Franken bestraft.
[2] Wer fahrlässig unrichtige oder unvollständige Angaben macht, wird mit Busse bis zu 50 000 Franken bestraft.

Art. 30   Missachtung von Auflagen

[1] Wer vorsätzlich eine Auflage missachtet, wird mit Gefängnis oder Busse bis zu 100 000 Franken bestraft.
[2] Handelt der Täter fahrlässig, so ist die Strafe Busse bis zu 50 000 Franken.
[3] Wird die Auflage nachträglich widerrufen oder kommt der Täter nachträglich der Auflage nach, so ist die Strafe Busse bis zu 20 000 Franken.
[4] Bis zur rechtskräftigen Erledigung eines Verfahrens auf Widerruf der Auflage darf der Strafrichter nicht urteilen.

Art. 31   Verweigerung von Auskunft oder Edition

Wer sich weigert, der Auskunfts- oder Editionspflicht nachzukommen, die ihm die zuständige Behörde unter Hinweis auf die Strafandrohung dieses Artikels auferlegt, wird mit Haft oder mit Busse bis zu 50 000 Franken bestraft. Er bleibt straflos, wenn er sich auf ein Berufsgeheimnis nach Artikel 321 des Strafgesetzbuches berufen kann.

Art. 32 Verjährung

¹ Die Strafverfolgung verjährt:
a. in zwei Jahren für die Verweigerung von Auskunft oder Edition;
b. in fünf Jahren für andere Übertretungen;
c. in zehn Jahren für Vergehen.

² Die Strafe für eine Übertretung verjährt in fünf Jahren.

Art. 33 Einziehung unrechtmässiger Vermögensvorteile

¹ Wer durch eine Widerhandlung einen unrechtmässigen Vorteil erlangt, der nicht auf Klage hin beseitigt wird, ist bis zur Verjährung der Strafverfolgung ohne Rücksicht auf die Strafbarkeit einer bestimmten Person zu verpflichten, einen entsprechenden Betrag an den Kanton zu zahlen.

² Geschenke und andere Zuwendungen verfallen nach Artikel 59 des Strafgesetzbuches.

Art. 34 Widerhandlungen im Geschäftsbetrieb

Für Widerhandlungen im Geschäftsbetrieb gelten die Artikel 6 und 7 des Verwaltungsstrafrechts sinngemäss.

Art. 35 Strafverfolgung

¹ Die Strafverfolgung obliegt den Kantonen.

² Jede Einleitung eines Strafverfahrens, alle Einstellungsbeschlüsse, Strafbescheide und Strafurteile sind ohne Verzug und unentgeltlich der Bundesanwaltschaft mitzuteilen; diese kann jederzeit Auskunft über den Stand eines hängigen Strafverfahrens verlangen.

³ Die Artikel 258 und 259 des Bundesstrafrechtspflegegesetzes sind anwendbar.

6. Kapitel: Schlussbestimmungen

Art. 36 Ausführungsbestimmungen

¹ Der Bundesrat und die Kantone erlassen die notwendigen Ausführungsbestimmungen.

² Die Kantone können ausser ihren notwendigen Ausführungsbestimmungen auch ergänzende gesetzliche Bestimmungen, zu deren Erlass dieses Gesetz sie ermächtigt, vorläufig durch nicht referendumspflichtige Verordnung erlassen; diese Verord-

nungen bleiben bis zum Erlass gesetzlicher Bestimmungen in Kraft, längstens jedoch für die Dauer von drei Jahren seit dem Inkrafttreten dieses Gesetzes.

[3] Die kantonalen Bestimmungen bedürfen der Genehmigung des Bundes; Bestimmungen, welche die Gemeinden erlassen, sind dem Bundesamt für Justiz zur Kenntnis zu bringen.

Art. 37 Aufhebung und Änderung anderer Erlasse

[1] Der Bundesbeschluss vom 23. März 1961 über den Erwerb von Grundstücken durch Personen im Ausland wird aufgehoben.

[2] Das Bundesgesetz vom 23. Juni 1950 über den Schutz militärischer Anlagen wird wie folgt geändert:
Art. 3 Abs. 1bis neu

Art. 38 Übergangsbestimmung

Dieses Gesetz und die gestützt darauf erlassenen Ausführungsbestimmungen sind auf Bewilligungen anwendbar, die nach dem Inkrafttreten dieses Gesetzes in erster Instanz erteilt werden, soweit sie nicht auf rechtskräftigen Grundsatzbewilligungen nach dem früheren Recht beruhen.

Art. 39 Bewilligungskontingente

Der Bundesrat setzt für die erste Periode von zwei Jahren die gesamtschweizerische Höchstzahl an Bewilligungen für Ferienwohnungen und Wohneinheiten in Apparthotels auf höchstens zwei Drittel der Bewilligungen fest, die im Durchschnitt der fünf letzten Jahre vor Inkrafttreten dieses Gesetzes für den Erwerb von Zweitwohnungen im Sinne des früheren Rechts erteilt worden sind.

Art. 40 Referendum und Inkrafttreten

[1] Dieses Gesetz untersteht dem fakultativen Referendum.

[2] Es tritt am 1. Januar 1985 in Kraft, wenn die Volksinitiative «gegen den Ausverkauf der Heimat» vor diesem Zeitpunkt zurückgezogen oder verworfen wird. Andernfalls bestimmt der Bundesrat das Inkrafttreten.

Schlussbestimmungen der Änderung vom 30. April 1997

[1] Die Änderung dieses Gesetzes ist auf Rechtsgeschäfte anwendbar, die vor dem Inkrafttreten dieser Änderung abgeschlossen, aber noch nicht vollzogen worden oder noch nicht rechtskräftig entschieden sind.

[2] An eine Bewilligung geknüpfte Auflagen fallen von Gesetzes wegen dahin, wenn das neue Recht sie nicht mehr vorschreibt oder es den Erwerb nicht mehr der Bewilligungspflicht unterstellt; ihre Löschung im Grundbuch erfolgt auf Antrag des Erwerbers.

[3] Kann der Grundbuchverwalter nicht ohne weiteres feststellen, ob eine Auflage von Gesetzes wegen dahingefallen ist, verweist er den Anmeldenden an die Bewilligungsbehörde; Artikel 18 Absatz 1 ist sinngemäss anwendbar.

Verordnung
über den Erwerb von Grundstücken durch
Personen im Ausland (BewV)

vom 1. Oktober 1984 mit Änderungen vom 10. September 1997
(in Kraft seit 1. Oktober 1997)

1. Kapitel: Bewilligungspflicht

Art. 1   Erwerb von Grundstücken

[1] Als Erwerb von Grundstücken gelten auch:
  a. die Beteiligung an der Gründung und, sofern der Erwerber damit seine Stellung verstärkt, an der Kapitalerhöhung von juristischen Personen, deren tatsächlicher Zweck der Erwerb von Grundstücken ist (Art. 4 Abs. 1 Bst. e BewG), die nicht nach Artikel 2 Absatz 2 Buchstabe a BewG ohne Bewilligung erworben werden können;
  b. die Übernahme eines Grundstückes, das nicht nach Artikel 2 Absatz 2 Buchstabe a BewG ohne Bewilligung erworben werden kann, zusammen mit einem Vermögen oder Geschäft (Art. 181 OR) oder durch Fusion (Art. 748 ff und 914 OR), Umwandlung oder Aufspaltung von Gesellschaften, sofern sich dadurch Rechte des Erwerbers an diesem Grundstück vermehren;
  c. der Erwerb von Anteilen an einer Gesellschaft, der eine Wohnung gehört, die dem Erwerber der Anteile als Haupt-, Zweit- oder Ferienwohnung dient.

[2] Als andere Rechte, die dem Erwerber eine ähnliche Stellung wie dem Eigentümer eines Grundstückes verschaffen (Art. 4 Abs. 1 Bst. g BewG), gelten insbesondere:
  a. die langfristige Miete oder Pacht eines Grundstückes, wenn die Abreden den Rahmen des gewöhnlichen oder kaufmännischen Geschäftsverkehrs sprengen und den Vermieter oder Verpächter in eine besondere Abhängigkeit vom Mieter oder Pächter bringen;
  b. die Finanzierung des Kaufes oder der Überbauung eines Grundstückes, wenn die Abreden, die Höhe der Kredite oder die Vermögensverhältnisse des Schuldners den Käufer oder Bauherrn in eine besondere Abhängigkeit vom Gläubiger bringen;
  c. die Begründung von Bauverboten und ähnlichen Eigentumsbeschränkungen mit dinglicher oder obligatorischer Wirkung, welche ein Nachbargrundstück betreffen.

Art. 2   Personen im Ausland

[1] Als natürliche Personen, die nicht das Recht haben, sich in der Schweiz niederzulassen (Art. 5 Abs. 1 Bst. a BewG), gelten Ausländer ohne gültige Niederlassungsbewilligung (Ausländerausweis C, Art. 6 und 9 Abs. 3 des BG vom 26. März 1931 über Aufenthalt und Niederlassung der Ausländer [ANAG]). Ausländer, die für ihren rechtmässigen Aufenthalt keiner Bewilligung der Fremdenpolizei bedürfen (Art. 5 Abs. 3), unterliegen der Bewilligungspflicht für den Erwerb von Grundstücken wie Ausländer, die einer Bewilligung der Fremdenpolizei bedürfen.
[2] (*aufgehoben*)
[3] (*aufgehoben*)

2. Kapitel: Bewilligungs- und Verweigerungsgründe

Art. 3   Erstellung und gewerbsmässige Vermietung von Wohnraum

Die Verwendung des Grundstückes für die Erstellung oder gewerbsmässige Vermietung von Wohnraum, der nicht zu einem Hotel oder Apparthotel gehört, begründet keine Betriebsstätte im Sinne von Artikel 2 Absatz 2 Buchstabe a BewG.

Art. 4   Härtefall

[1] Der Veräusserer, der einen Härtefall geltend macht (Art. 8 Abs. 3 BewG), muss ausser seiner Notlage nachweisen, dass er die Wohnung erfolglos zu den Gestehungskosten Personen angeboten hat, die keiner Bewilligung bedürfen; die Gestehungskosten erhöhen sich um den Betrag einer angemessenen Verzinsung, wenn die Wohnung dem Veräusserer seit mehr als drei Jahren gehört.
[2] Der Erwerb einer Ferienwohnung oder einer Wohneinheit in einem Apparthotel kann auch in einem Härtefall nur in Fremdenverkehrsorten im Sinne des geltenden (Art. 9 Abs. 3 BewG) oder des früheren Rechts (Art. 21 Abs. 2) bewilligt werden.

Art. 5   Hauptwohnung

[1] Der Wohnsitz, der zum bewilligungsfreien Erwerb einer Hauptwohnung berechtigt (Art. 2 Abs. 2 Bst. b BewG), bestimmt sich nach den Artikeln 23, 24 Absatz 1, 25 und 26 des Zivilgesetzbuches (ZGB).
[2] Die Rechtmässigkeit des Wohnsitzes setzt ausserdem die gültige Aufenthaltsbewilligung zur Wohnsitznahme (Ausländerausweis B, Art. 5 und 9 Abs. 1 ANAG) oder eine andere entsprechende Berechtigung voraus.

³ Eine andere Berechtigung steht zu, wenn im übrigen die Voraussetzungen des Wohnsitzes vorliegen, den Personen im Dienste:
   a. diplomatischer Missionen, konsularischer Posten, internationaler Organisationen mit Sitz in der Schweiz und ständiger Missionen bei diesen Organisationen (Legitimationskarte des Eidgenössischen Departementes für auswärtige Angelegenheiten);
   b. von Betriebsstellen ausländischer Bahn-, Post- und Zollverwaltungen mit Sitz in der Schweiz (Dienstausweis).

Art. 6   Zweitwohnung

¹ Als aussergewöhnlich enge, schutzwürdige Beziehungen, die zum Erwerb einer Zweitwohnung berechtigen (Art. 9 Abs. 1 Bst. c BewG), gelten regelmässige Beziehungen, die der Erwerber zum Ort der Zweitwohnung unterhalten muss, um überwiegende wirtschaftliche, wissenschaftliche, kulturelle oder andere wichtige Interessen zu wahren.

² Verwandtschaft oder Schwägerschaft mit Personen in der Schweiz und Ferien-, Kur-, Studien- oder andere vorübergehende Aufenthalte begründen für sich allein keine engen schutzwürdigen Beziehungen.

Art. 7   Apparthotels

¹ (*aufgehoben*)

² Die dauernde hotelmässige Bewirtschaftung (Art. 10 Bst. b BewG) wird sichergestellt, indem die Stockwerkeigentümer im Begründungsakt und im Verwaltungs- und Nutzungsreglement (Art. 712d ff. ZGB) darauf verpflichtet werden; die Bewilligungen werden unter den dafür vorgeschriebenen Auflagen erteilt (Art. 11 Abs. 2 Bst. g).

³ Vorbehalten bleiben die nach kantonalem Recht für einen Hotelbetrieb erforderlichen Bewilligungen.

Art. 8   Erwerb einer Wohnung durch eine natürliche Person

Als Erwerb einer Wohnung durch eine natürliche Person (Art. 2 Abs. 2 Bst. b, 8 Abs. 3 und 9 Abs. 1 Bst. c und Abs. 2 BewG) gilt der unmittelbare Erwerb auf deren persönlichen Namen und, bei Mieteraktiengesellschaften, deren Gründung vor dem 1. Februar 1974 erfolgte, der Erwerb von Anteilen im entsprechenden Umfang.

Art. 9 Bewilligungskontingente

[1] Der Anhang 1 dieser Verordnung führt die jährliche gesamtschweizerische Höchstzahl an Bewilligungen für Ferienwohnungen und Wohneinheiten in Apparthotels sowie die kantonalen Jahreskontingente auf (Art. 11 und 39 BewG).

[2] Die Bewilligungen werden im Zeitpunkt der Zusicherung an den Veräusserer durch die zuständige Behörde (Grundsatzbewilligung) oder, wenn keine Zusicherung vorliegt, im Zeitpunkt der Erteilung an den Erwerber auf das Kontingent angerechnet.

[3] In einem Jahr nicht gebrauchte Kontingentseinheiten werden auf das folgende Jahr übertragen.

[4] Werden sie auch bis zum 31. Oktober des folgenden Jahres nicht gebraucht, so verteilt sie das Bundesamt für Justiz auf die Kantone, die bis zu diesem Zeitpunkt ihr Kontingent ausgeschöpft und um Zuteilung weiterer Einheiten nachgesucht haben.

[5] Die Anzahl der zusätzlichen Einheiten für einen Kanton darf die Hälfte seines Jahreskontingents (Anhang 1) nicht überschreiten.

[6] Verlangen die Kantone mehr zusätzliche Einheiten, als zur Verfügung stehen, so erfolgt die Verteilung im Verhältnis der Jahreskontingente der ersuchenden Kantone.

[7] Die auf das folgende Jahr übertragenen (Abs. 3) wie auch die vom Bundesamt für Justiz zugeteilten zusätzlichen Einheiten (Abs. 4) verfallen, wenn sie bis zum 31. Dezember dieses Jahres nicht gebraucht werden.

Art. 10 Zulässige Fläche

[1] *(aufgehoben)*

[2] Die Nettowohnfläche von Zweitwohnungen, Ferienwohnungen und Wohneinheiten in Apparthotels darf 100 m^2 in der Regel nicht übersteigen; sie bestimmt sich in diesem Rahmen nach dem Bedarf des Erwerbers und, soweit sie die Wohnung regelmässig mitbenutzen, seiner engsten Angehörigen.

[3] Ausserdem darf für die Zweit- und Ferienwohnungen, die nicht im Stockwerkeigentum stehen, die Gesamtfläche des Grundstückes 1000 m^2 in der Regel nicht übersteigen.

[4] Ein nachträglicher Mehrerwerb darf nur im Rahmen der zulässigen Fläche erfolgen.

[5] Führt ein Tausch von Wohnungen oder eine Grenzbereinigung dazu, dass die zulässige Fläche überschritten wird, so entfällt die für diesen Erwerb vorgesehene Ausnahme von der Bewilligungspflicht (Art. 7 Bst. d und g BewG); der Grundbuchverwalter verweist in diesem Falle den Erwerber an die Bewilligungsbehörde (Art. 18 Abs. 1 BewG).

Art. 11　Bedingungen und Auflagen

¹ Der Erwerb einer Zweitwohnung, Ferienwohnung oder einer Wohneinheit in einem Aparthotel darf, wenn dem Erwerber, seinem Ehegatten oder einem Kinde unter 20 Jahren bereits eine solche Wohnung gehört, nur unter der Bedingung bewilligt werden, dass diese Wohnung vorher veräussert wird (Art. 12 Bst. d BewG).

² An die Bewilligungen sind in der Regel mindestens die folgenden, im Grundbuch anzumerkenden Auflagen zu knüpfen (Art. 14 BewG):
   a. die Verpflichtung, das Grundstück dauernd zu dem Zwecke zu verwenden, für den der Erwerb bewilligt wird, und für jede Änderung des Verwendungszweckes die Einwilligung der Bewilligungsbehörde einzuholen;
   b. bei Bauland die Verpflichtung, den Bau innert bestimmter Frist zu beginnen und für alle erheblichen Änderungen der Baupläne die Einwilligung der Bewilligungsbehörde einzuholen:
   c. bei Grundstücken, die als Kapitalanlage ausländischer Versicherer, der Personalvorsorge, gemeinnützigen Zwecken oder dem sozialen Wohnungsbau dienen, eine vom Erwerb an gerechnete zehnjährige Sperrfrist für die Wiederveräusserung;
   d. bei Grundstücken des sozialen Wohnungsbaus das Verbot für den Erwerber, Wohnungen selber zu benützen;
   e. bei Zweitwohnungen die Verpflichtung, sie innert zweier Jahre zu veräussern, wenn der Erwerber sie nicht mehr als solche verwendet (Art. 9 Abs. 1 Bst. c BewG);
   f. bei Ferienwohnungen das Verbot, sie ganzjährig zu vermieten;
   g. bei Aparthotels die Verpflichtung, die Wohneinheit dem Betriebsinhaber zur Bewirtschaftung gemäss dem Begründungsakt des Stockwerkeigentums und dem Verwaltungs- und Nutzungsreglement (Art. 7) zu überlassen;
   h. beim Erwerb von Anteilen an Immobiliengesellschaften das Verbot, die Anteile während der Sperrfrist (Bst. c) zu veräussern oder zu verpfänden, und die Verpflichtung, die Titel auf den Namen des Erwerbers bei einer Depositenstelle, die der Kanton bestimmt, unwiderruflich zu hinterlegen.

³ Die Bewilligungsbehörde kann weitergehende Auflagen verfügen, um die Verwendung des Grundstückes zu dem Zwecke sicherzustellen, den der Erwerber geltend macht.

⁴ Als zwingender Grund für den ganzen oder teilweisen Widerruf einer Auflage (Art. 14 Abs. 4 BewG) gilt eine Veränderung der Verhältnisse für den Erwerber, welche die Erfüllung der Auflage unmöglich oder unzumutbar macht.

⁵ Die Überprüfung der Einhaltung der Auflagen ist Sache der Bewilligungsbehörde oder, wenn diese nicht handelt, der beschwerdeberechtigten Behörden.

Art. 12　Verfall der Bewilligungen

¹ Die Bewilligung für den Erwerb verfällt, wenn dieser nicht innert dreier Jahre erfolgt (Art. 14 Abs. 2 BewG).

² Die Bewilligungsbehörde kann diese Frist ausnahmsweise und aus wichtigen Gründen erstrecken, wenn der Erwerber vor Ablauf der Frist darum nachsucht.

³ Die Kantone regeln den Verfall der Zusicherungen von Bewilligungen an Veräusserer (Grundsatzbewilligungen).

⁴ Grundsatzbewilligungen, die nicht befristet worden sind, verfallen am 31. Dezember 2000, soweit von ihnen nicht Gebrauch gemacht worden ist.

Art. 13   (aufgehoben)

Art. 14   (aufgehoben)

3. Kapitel: Behörden und Verfahren

Art. 15   Feststellung der Bewilligungspflicht

¹ Der Erwerber ersucht die Bewilligungsbehörde um ihren Entscheid über die Bewilligungspflicht (Art. 2 und 4–7 BewG), wenn diese sich nicht ohne weiteres ausschliessen lässt (Art. 17 Abs. 1 BewG).

² Steht der Entscheid einer Bundesbehörde zu (Art. 7 Bst. h, 16 Abs. 1 Bst. a und Abs. 2 BewG), so richtet der Erwerber sein Gesuch an die kantonale Bewilligungsbehörde zuhanden der Bundesbehörde.

³ Im übrigen entscheidet die Bewilligungsbehörde über die Bewilligungspflicht, wenn:
  a. der Erwerber auf Veranlassung des Grundbuchverwalters, des Handelsregisterführers oder der Steigerungsbehörde darum ersucht (Art. 18 und 19 BewG);
  b. eine beschwerdeberechtigte kantonale Behörde oder das Bundesamt für Justiz darum ersucht(Art. 22 Abs. 2 BewG);
  c. der Zivilrichter, der Strafrichter oder eine andere Behörde darum ersucht.

Art. 16   Örtliche Zuständigkeit

Die Bestimmung über die örtliche Zuständigkeit im Falle des Erwerbes von Anteilen an einer Immobiliengesellschaft mit Grundstücken im Amtsbereich mehrerer Behörden (Art. 15 Abs. 2 BewG) ist auf einen anderen Erwerb sinngemäss anwendbar.

Art. 17 Eröffnung von Verfügungen

[1] Die kantonalen Behörden eröffnen dem Bundesamt für Justiz die Verfügungen der Bewilligungsbehörde und die Beschwerdeentscheide mit den im Anhang 2 dieser Verordnung vorgeschriebenen Angaben in drei Exemplaren und mit den vollständigen Akten (Art. 17 Abs. 3, 20 Abs. 4 und 24 Abs. 3 BewG).

[2] Das Eidgenössische Justiz- und Polizeidepartement kann für eine automatisierte statistische Auswertung ein ergänzendes Formular vorschreiben.

Art. 18 Prüfung und Beweiserhebung

[1] Grundbuchamt, Handelsregisteramt und Steigerungsbehörde überlassen, unter Vorbehalt der Artikel 18a und 18b, eine nähere Prüfung der Bewilligungspflicht und gegebenenfalls die Beweiserhebung darüber der Bewilligungsbehörde, an die sie den Erwerber verweisen (Art. 18 Abs. 1 und 2 sowie 19 Abs. 2 BewG; Art. 15 Abs. 3 Bst. a).

[2] Öffentliche Urkunden erbringen für durch sie bezeugte Tatsachen vollen Beweis, wenn die Urkundsperson darin bescheinigt, sich über die Tatsachen aus eigener Wahrnehmung vergewissert zu haben, und wenn keine Anhaltspunkte dafür bestehen, dass die Tatsachen nicht zutreffen (Art. 9 ZGB).

[3] Allgemeine Erklärungen, die lediglich Voraussetzungen der Bewilligungspflicht bestreiten oder Voraussetzungen der Bewilligung behaupten, erbringen in keinem Falle Beweis; vorbehalten bleiben Erklärungen über die beabsichtigte Nutzung des Grundstücks (Art. 18a).

[4] Als Geschäftsbücher (Art. 22 Abs. 3 BewG) gelten auch das Aktienbuch (Art. 685 OR), das Anteilbuch (Art. 790 OR) und das Genossenschafterverzeichnis (Art. 835 OR).

Art. 18a Prüfung durch Grundbuchamt und Steigerungsbehörde

[1] Für einen Erwerb nach Artikel 2 Absatz 2 Buchstabe a BewG (Betriebsstätte) verzichten das Grundbuchamt und die Steigerungsbehörde auf die Verweisung des Erwerbers an die Bewilligungsbehörde zur Abklärung der Bewilligungspflicht (Art. 18 Abs. 1), wenn:
  a. der Erwerber nachweist, dass das Grundstück für die Ausübung einer wirtschaftlichen Tätigkeit eines Unternehmens dient;
  b. er bei einem Grundstück, das nicht überbaut ist, schriftlich erklärt, es zu diesem Zweck zu überbauen;
  c. die Landreserven für einen Ausbau des Unternehmens einen Drittel der gesamten Fläche nicht übersteigen.

[2] Für einen Erwerb nach Artikel 2 Absatz 2 Buchstabe b BewG (Hauptwohnung) ist auf die Verweisung zu verzichten, wenn:

a. der Erwerber eine gültige Aufenthaltsbewilligung zur Wohnsitznahme (Ausländerausweis B, Art. 5 Abs. 2) oder eine andere entsprechende Berechtigung (Art. 5 Abs. 3) vorlegt;
b. er schriftlich erklärt, das Grundstück als Hauptwohnung zu erwerben;
c. die Fläche des Grundstücks 3000 m^2 nicht übersteigt.

Art. 18b Prüfung durch das Handelsregisteramt

Das Handelsregisteramt verweist die anmeldende Person in der Regel nur dann an die Bewilligungsbehörde (Art. 18 Abs. 1), wenn die Eintragung in das Handelsregister im Zusammenhang mit einer Beteiligung einer Person im Ausland an einer vermögensfähigen Gesellschaft ohne juristische Persönlichkeit oder an einer juristischen Person steht, deren tatsächlicher Zweck der Erwerb von Grundstücken ist (Art. 4 Abs. 1 Bst. b und e BewG; Art. 1 Abs. 1 Bst. a und b), die nicht nach Artikel 2 Absatz 2 Buchstabe a BewG ohne Bewilligung erworben werden können.

Art. 19 Stellungnahme anderer Behörden

^{1} Die Bewilligungsbehörde holt, bevor sie entscheidet, die Stellungnahme ein:
a. des Sekretariates der Eidgenössischen Bankenkommission, wenn es sich um die Bewilligungspflicht für den Erwerb von Anteilen an einem Immobilienanlagefonds ohne regelmässigen Markt oder an einem ähnlichen Vermögen handelt (Art. 4 Abs. 1 Bst. c BewG);
b. des Bundesamtes für Privatversicherungswesen, wenn es sich um die Bewilligung für den Erwerb als Anlage ausländischer und ausländisch beherrschter Versicherungseinrichtungen (Art. 8 Abs. 1 Bst. b BewG) oder um den Widerruf von Auflagen (Art. 11 Abs. 4) handelt;
c. der kantonalen Steuerbehörde darüber, ob der Erwerber für das Grundstück von der direkten Bundessteuer befreit ist, wenn es sich um die Bewilligung für den Erwerb zur Personalvorsorge inländischer Betriebsstätten oder zu gemeinnützigen Zwecken handelt (Art. 8 Abs. 1 Bst. c BewG);
d. der zuständigen kantonalen Behörde, wenn das Grundstück dem sozialen Wohnungsbau dient oder sich darauf solche neuerstellten Wohnungen befinden (Art. 9 Abs. 1 Bst. a BewG);
e. der zuständigen kantonalen und Bundesbehörden darüber, ob Interessen vorliegen, die den Erwerb einer Zweitwohnung rechtfertigen (Art. 6 Abs. 1).

^{2} Die Bewilligungsbehörde kann die Stellungnahme anderer Bundes- oder kantonalen Behörden einholen, um einen Sachverhalt abzuklären (Art. 22 Abs. 1 und 24 Abs. 1 BewG).

Art. 20 Statistik

¹ Die Statistik über den Erwerb von Grundstücken durch Personen im Ausland (Art. 24 Abs. 3 BewG) erfasst:
   a. die Anzahl der Bewilligungen für den Erwerb von Ferienwohnungen und Wohneinheiten in Apparthotels, Ort, Art und Fläche des Grundstückes, Staatsangehörigkeit des Erwerbers und die entsprechenden Handänderungen;
   b. *(aufgehoben)*
   c. den schweizerischen Rückerwerb von Ferienwohnungen und Wohneinheiten in Apparthotels.

² Die Grundbuchverwalter melden die entsprechenden Eintragungen dem Bundesamt für Justiz unverzüglich und unentgeltlich mit dem Formular, das ihnen das Bundesamt zur Verfügung stellt; die Kantone können bestimmen, dass die Meldungen über die Bewilligungs- oder beschwerdeberechtigte Behörde erfolgen.

³ Das Bundesamt für Justiz veröffentlicht alljährlich einen Auszug aus der Statistik in der «Volkswirtschaft».

⁴ Der Auszug aus der Statistik weist auch den ausländischen Erwerb ohne die Handänderungen zwischen ausländischen Veräusserern und Erwerbern und ohne den schweizerischen Rückerwerb aus (Nettozuwachs).

⁵ Eine Verwendung von Personendaten zu anderen als statistischen Zwecken ist nur zulässig, soweit das Gesetz es vorsieht.

4. Kapitel: Schlussbestimmungen

Art. 21 Aufhebung von Erlassen

¹ Es werden aufgehoben:
   a. die Verordnung vom 21. Dezember 1973 über den Erwerb von Grundstücken durch Personen im Ausland;
   b. die Verfügung vom 25. März 1964 des Eidgenössischen Militärdepartementes betreffend den Erwerb von Grundstücken in der Nähe wichtiger militärischer Anlagen durch Personen im Ausland.

² Auflagen auf Grund von Bewilligungen, die nach dem früheren Recht (BB vom 23. März 1961 über den Erwerb von Grundstücken durch Personen im Ausland, BRB vom 26. Juni 1972 betreffend Verbot der Anlage ausländischer Gelder in inländischen Grundstücken und V vom 10. Nov. 1976 über den Erwerb von Grundstücken in Fremdenverkehrsorten durch Personen im Ausland) erteilt worden sind, bleiben in Kraft; vorbehalten bleibt Ziffer III Absatz 2 der Änderung vom 30. April 1997 des BewG.

Art. 22 Inkrafttreten

Diese Verordnung tritt am 1. Januar 1985 in Kraft.

Anhang 1 zur BewV

Bewilligungskontingente

[1] Die jährliche gesamtschweizerische Höchstzahl an Bewilligungen für Ferienwohnungen und Wohneinheiten in Aparthotels wird für die Jahre 1997 und 1998 auf 1420 festgesetzt.

[2] Die jährlichen kantonalen Bewilligungskontingente werden für diese Periode wie folgt festgesetzt:

Kantonale Höchstzahlen

Bern	125
Luzern	50
Uri	20
Schwyz	50
Obwalden	20
Nidwalden	20
Glarus	20
Zug	5
Freiburg	50
Solothurn	5
Basel-Landschaft	5
Schaffhausen	10
Appenzell A.Rh.	5
Appenzell I.Rh.	5
St. Gallen	45
Graubünden	270
Aargau	5
Thurgau	5
Tessin	180
Waadt	160
Wallis	310
Neuenburg	35
Jura	20

Sachregister

Die Zahlen verweisen auf die Randziffern

A

Abhängigkeit, besondere 55
Abreden, spezielle 55
Abschluss des Rechtsgeschäftes 98
Abweisung durch Grundbuchverwalter 201, 206 f.
Ähnliche Stellung wie Eigentümer 55
Aktie
– eigene 83
– nicht stimmberechtigte 77, 83
– Sicherstellungsaktie 83
– stimmberechtigte 83
Aktiengesellschaft 68
Aktionärbindungsvertrag 80, 83
Aktionärsdarlehen 79, 82
Andere Berechtigung zur Wohnsitznahme 38, 67, 154, 157, 218
Änderung der Verhältnisse 170
Angaben, unrichtige/unvollständige 161, 197, 225 f.
Anlagefonds (s. Immobilienanlagefonds)
Anlagegrundsätze bei Versicherungen 99
Anmeldung bei Grundbuchverwalter 200, 202
Anmerkung einer Auflage im Grundbuch (s. Auflage)
Anteil an Gesellschaft
– Erwerb 162 ff.
  – Beteiligung an Gründung und an Kapitalerhöhung 181 f.
  – bewilligungspflichtiger 179
  – Holdinggesellschaft 178
  – Kaufsrecht 180
  – Rückkaufsrecht 180
  – von Anteil an Gesellschaft mit juristischer Persönlichkeit 57 f., 164

– von Anteil an Gesellschaft ohne juristische Persönlichkeit 57 f., 163
– Vorkaufsrecht 180
Apparthotel
– als Betriebsstätte 135
– Definition 119
– Wohneinheit in Apparthotel (s. Wohneinheit)
Aufenthalt
– rechtmässiger 67, 154
– tatsächlicher 153
Aufenthaltsbewilligung 38, 67, 150, 154, 218
Auflage
– Anmerkung im Grundbuch 117, 208 ff.
– Aufhebung altrechtlicher 235 f.
– ganzjährige Vermietung 117
– hotelmässige Bewirtschaftung 117, 119
– Löschung 208 ff.
– Nichteinhaltung 225
– Sperrfrist für Wiederveräusserung 100
– Veräusserung 40, 103 f., 115, 160 f., 187 f.
– Widerruf 208
Aufspaltung einer Gesellschaft 59
Ausgliederung von Immobilien 59
Ausländer (s. Person im Ausland)
Ausländischer Staat 96
Auslandschweizer 64
Ausnahmen von der Bewilligungspflicht 42, 49, 88 ff.
– Ausländische Staaten und Internationale Organisationen 96
– bei Mit-/Gesamteigentum 91
– Ehegatte 91
– Enteignung 94
– Erbgang 90
– Erhöhung Wertquote 93

109

Sachregister

- Ersatz 95
- geringfügiger Erwerb 93
- Grenzbereinigung 93
- Güterzusammenlegung 94
- Landumlegung 94
- Liquidation alter Immobiliengesellschaften 189
- staatspolitisches Interesse 96
- Tausch von Stockwerkeigentum 92
- Verwandtschaft 91

Aussetzung des Verfahrens 205

B

Bahnverwaltung, ausländische 67, 157
Bank, ausländische 40, 83, 103, 187 ff.
Baubewilligung 219
Bauland, Erwerb von 111, 147 ff., 175, 219
Baurecht 55
- als Erwerbsbeschränkung (s. Beschränkung)

Baute, leerstehende 148
Bauverbot 55
Bedingung
- vorherige Veräusserung 125, 204

Beherrschende Stellung 71, 73 ff.
- aufgrund finanzieller Beteiligung 79, 82
- aufgrund Stimmrecht 77 f., 83
- aus anderen Gründen 80
- Begriff 28, 73 ff., 164
- gesetzliche Vermutung 81 ff.
  - aufgrund Kapitalanteil 82
  - aufgrund rückzahlbarer Mittel 85
  - aufgrund Stimmrecht 83
  - bei Kollektiv-/Kommanditgesellschaft 86 f.
  - bei Stiftung 84
  - Beweis des Gegenteils 81
- Verstärkung 58

Behörden, allgemein 194 ff.
Beschränkungen des Erwerbs
- durch Gemeinden 129
- kantonale 51, 127 ff.
  - Bewilligungssperre 107, 127
  - nur beschränkte dingliche Rechte 127

- Quoten 127
- Stockwerkeigentum/Gesamtheiten 127
- Vorkaufsrecht 127
- weitergehende 128 f.

Beschwerde 207
Beschwerdeberechtigte Behörden 195
Beschwerdeinstanzen 195
Beseitigung eines rechtswidrigen Zustandes 228
Besondere Abhängigkeit (s. Abhängigkeit)
Beteiligung an Gesellschaft (s. Anteil)
Betreibungsrechtliche Zwangsversteigerung (s. Zwangsversteigerung)
Betriebsnotwendigkeit
- allgemein 139 ff.
- bei Wohnungen 145

Betriebsstätte
- Anteilserwerb an Gesellschaft 166 ff.
- Bauland 147 f.
- betriebliche Notwendigkeit 139 f.
- bewilligungsfreier Erwerb 29, 34, 57, 97, 130 ff.
- Definition 34, 134 ff.
- Führung 35, 131, 137
- Kapitalanlage 35, 131, 136
- Reserveland 141 ff.
- Urproduktion/Landwirtschaft 138
- Verfahren bei Erwerb 212 ff.
- Vermietung von Wohnraum 135
- Wohnanteilvorschriften 36, 144
- Wohnung 36, 144 ff.
- zulässige Fläche 139 ff.

Bewilligung
- als Gültigkeitsvoraussetzung 49
- Anspruch auf 98

Bewilligungsbehörde 195, 232
Bewilligungsgründe
- allgemeine, bundesrechtliche 42, 97 ff.
- Erbschaft 104
- Härtefall 105 ff.
- Personalvorsorge 101 f.
- Pfandsicherung ausländischer Banken und Versicherungen 103, 187 ff.
- Versicherungsgesellschaften 99 f., 187 ff.

– kantonale 42, 51, 109 ff.
– Ferienwohnung 45, 116 ff.
– sozialer Wohnungsbau 43, 110 ff.
– Wohneinheit in Apparthotel 43, 116 ff.
– Zweitwohnung 43, 113 ff.
Bewilligungssperre 107, 127
Bewirtschaftung, hotelmässige 117, 119
Beziehung, enge und schutzwürdige 113
Bürger, Schweizer (s. Schweizer Bürger)
Bürgerrecht 65
Bürgschaft 80

D

Darlehen 80
Dienstausweis 67
Dienstleistungsbetrieb
– als Betriebsstätte 134 (s. auch Betriebsstätte)
Diplomatische Mission 67, 157
Durchgriffstheorie 178

E

Ehegatte 90
Eigenkapital 79
Eigentum 54
Eigentumsähnliche Rechte 55, 103
Eigentumsbeschränkung 55
Einflussmöglichkeit 75
Enteignung 94
Erbe 90, 104
Erbgang 90, 104
Erbrechtlicher Vorbezug (s. Vorbezug)
Erklärungen zuhanden Behörden 215, 219
Erschleichen einer Bewilligung 225
Erwerb von Grundstücken (s. Grundstückerwerb)
Erwerbsbeschränkungen (s. Beschränkungen des Erwerbs)
Eurolex 13
EWR-Vertrag 13
Exklusivvertrag 80

F

Fabrikationsbetrieb
– als Betriebsstätte 34, 130, 134 (s. auch Betriebsstätte)
Familienwohnung 219
Ferienwohnung
– Erwerb von 45, 116 ff.
– im Härtefall 105 ff.
– zulässige Fläche 123
Feststellung, nachträgliche, der Bewilligungspflicht (s. nachträgliche Feststellung)
Feststellungsverfügung 193, 203, 205, 230 ff.
– bei Immobiliengesellschaft 170, 173
Finanzielle Beteiligung 79 f.
Finanzierung
– der Überbauung 55
– des Kaufs 55
Flächenbeschränkung 93, 123 (s. auch Verweigerungsgründe)
– bei Betriebsstätte 139 ff.
– bei Ferienwohnung 123
– bei Hauptwohnung 150, 158 f., 220
– bei Wohneinheit in Apparthotel 123
– bei Zweitwohnung 123
Freie Berufe
– als Betriebsstätte 34, 130, 134 (s. auch Betriebsstätte)
Freihandverkauf 103
Fremdenverkehrsort 107, 118
Fremdmittel (s. rückzahlbare Mittel)
Führung des Betriebs bei Betriebsstätte (s. Betriebsstätte)
Fusion 59

G

Garantie 80
Genossenschaft 68
Genussschein 82
Geringfügiger Erwerb 93
Gesamtbetrachtung 178

Gesamteigentum 54, 91
Gesamtüberbauung 92
Geschäftsniederlassung
– als Betriebsstätte 134
Geschwister 91
Gesellschaft, vermögensfähige, ohne juristische Persönlichkeit (s. vermögensfähige Gesellschaft)
Gesellschaftsanteil (s. Anteil an Gesellschaft)
Gesetzesumgehung als Verweigerungsgrund (s. Verweigerungsgründe)
Gestehungskosten
– bei Härtefall 106
Gewerbebetrieb
– als Betriebsstätte 34, 130, 134 (s. auch Betriebsstätte)
GmbH 68
Grenzbereinigung 93
Grundbuchamt
– Abweisung der Anmeldung 201, 206 f.
– Prüfung durch 193, 199 ff.
– Verweisung an andere Behörden 199 ff., 205
Grundbucheintragung
– allgemein 202 ff.
– bei Erwerb Betriebsstätte 212 ff.
– bei Erwerb Hauptwohnung 217 ff.
– bei Zwangsversteigerung 194
– direkt 192 f.
Grundsatzbewilligung, Verfall 237
Grundstückerwerb
– Begriff 28, 49, 52 ff.
– wirtschaftliche Betrachtungsweise 52, 162
Gründung einer Gesellschaft
– Beteiligung an 58, 181
Güterzusammenlegung 94

H

Handänderung zwischen Ausländern 53
Handel, regelmässiger (s. regelmässiger Handel)

Handelsbetrieb
– als Betriebsstätte 34, 130, 134 (s. auch Betriebsstätte)
Handelsregisteramt
– Prüfung durch 193, 222 ff.
Handwerksbetrieb
– als Betriebsstätte 34, 130, 134 (s. auch Betriebsstätte)
Härtefall 105 ff.
Hauptwohnsitz (s. Wohnsitz)
Hauptwohnung 31, 38
– Befreiung von Bewilligungspflicht 38, 67
– Erwerb von 150 ff.
– durch natürliche Person 156 f.
– unmittelbarer Erwerb 156 f.
– Härtefall 108
– Grundstücksfläche 150, 159, 220
– Veräusserungspflicht 160 f.
– Verfahren bei Erwerb 217 ff.
– Wegfall der Erwerbsvoraussetzungen 160 f.
– Wegfall kantonaler Kompetenzen 152
– Wohnfläche 150, 158
Heilung, nachträgliche 234
Holdinggesellschaft 178
Hotel 119
– als Betriebsstätte 135 (s. auch Betriebsstätte)
Hotelmässige Bewirtschaftung (s. Auflage)

I

Immobilienanlagefonds
– Beteiligung an 47, 56, 183
Immobiliengesellschaft
– «altrechtliche» 41, 88, 172
– Anteil an 47, 57 f.
– Begriff 28
– Definition 167 ff.
– «gemischte» 171 ff.
– Holdinggesellschaft 178
– im engeren Sinn 47, 164 f.
– im weiteren Sinn 47, 164 f.

- nach neuem Recht 163, 165, 167
- Reserveland 174 f.
- Wohnbauten 175 ff.

Industriebetrieb
- als Betriebsstätte 134 (s. auch Betriebsstätte)

Interessen, wichtige (im Zusammenhang mit Zweitwohnung) 113

Internationale Organisationen 67, 96, 157

Investition
- in Betriebsstättengrundstücke 132, 136

K

Kantonale Bewilligungsgründe
(s. Bewilligungsgründe, kantonale)

Kantonale Erwerbsbeschränkungen
(s. Beschränkungen)

Kapital 79, 82
- bedingtes 82
- genehmigtes 82
- Genussscheinkapital 82
- Partizipationsscheinkapital 82

Kapitalanlage
- Bauland 46
- bei Versicherungsgesellschaft 99, 122
- bei Wohnanteilvorschriften 144
- Betriebsstätte 35, 46, 122, 131, 136, 212
- im sozialen Wohnungsbau 111, 122
- Personalvorsorge 122
- unzulässige 46, 122, 219 f.
- Wohnhäuser 46

Kapitalerhöhung einer Gesellschaft
- Beteiligung an 58, 181 f.

Kaufmännisches Gewerbe
- als Betriebsstätte 134 (s. auch Betriebsstätte)

Kaufsrecht 55
- an Gesellschaftsanteil 180
- bei Betriebsstätte 132, 136

Kollektivgesellschaft 68
- beherrschende Stellung 86 f.

Kommanditaktiengesellschaft 68

Kommanditgesellschaft 68
- beherrschende Stellung 86 f.

Konsolidierungstheorie 178

Konsulat 67, 157

Kontingent, kantonales 105, 116, 118

Kontingentierung 45

Kontingentssystem 45, 116, 118

Konzernverhältnis 59, 69

Kredit 80
- bei Betriebsstätte 132, 135 f.

L

Landreserven (s. Reserveland)

Landumlegung 94

Landwirtschaftliches Unternehmen
- als Betriebsstätte 34, 138 (s. auch Betriebsstätte)

Langfristiger Vertrag 55, 80

Leasing-Vertrag 80

Legitimationskarte des EDA 67

Leitung der Gesellschaft 69

Lex Celio 2

Lex Friedrich 4 ff.
- Begriffe 7
- Inhalt 6 f.
- Liberalisierung 12 f.
- Statistik 8 f.
- Verschärfung 5
- Zweck 4 f.

Lex Furgler 3

Lex Koller 21 ff.
- Aufbau 27
- Entstehungsgeschichte 21 ff.
- Erleichterungen 34
- formellrechtliche Aspekte der Revision 29 f.
- Gesetzessystematik 27
- Grenzen der Liberalisierung 42 ff.
- Grundbegriffe 28
- Kompetenzordnung 31
- Materialien 25 f.
- materiellrechtliche Aspekte der Revision 29 f.

113

- Überblick 25 ff.
- Verfahrensordnung 32 f.
- Vollzug 32
- Wegleitungen 25 f.
- Zielsetzung 172

Lex von Moos 1
Liquidation alter Immobiliengesellschaften 41, 88, 189 ff.
Liquidationsvergleich 40, 103, 187 ff.
Lizenzvertrag 80

M

Melioration 94
Miete 55
- bei Betriebsstätte 132

Mieter-Aktiengesellschaft 41, 189 ff.
Mietvertrag, langfristiger 80
Militärische Anlage 39, 184
Militärische Sicherheit 39, 184 ff.
Missbrauch
- bei Wohnungen mit Wohnanteilvorschriften 144

Mission, diplomatische (s. diplomatische Mission)
Miteigentum 54, 91

N

Nachträgliche Feststellung der Bewilligungspflicht 33, 161, 225 f.
Nachträglicher Wegfall der Erwerbsvoraussetzungen 160
Natürliche Person (s. Person)
Nettowohnfläche
(s. Flächenbeschränkung)
Nichtigkeit des Rechtsgeschäftes 161, 196, 227 ff., 234
Nichtigkeit einer juristischen Person 227
Nichtunterstellungsverfügung 173
Niederlassungsbewilligung 62 f., 66, 155
Notlage 105 f.
Notwendigkeit, betriebliche, bei Betriebsstätte 139 f.

Nutzniessung 55 f.
- als Erwerbsbeschränkung (s. Beschränkungen)

O

Organ, faktisches 74

P

Pacht 55
- bei Betriebsstätte 132

Partizipation 77, 82
Parzellierung 220
Person im Ausland
- Begriff 28, 49, 61 ff.
- juristische 68 ff.
- natürliche 62 ff., 156 ff.

Personalvorsorge 84, 101 f.
Personalwohnung 145
Pfandrecht 103
Pfandsicherung 103
Poolvertrag (s. Aktionärbindungsvertrag)
Postverwaltung, ausländische 67, 157
Privatverwertung 103
Prüfungspflicht, beschränkte 231

R

Rechtsgeschäft 98
Rechtsmittelordnung 32
Regelmässiger Handel
- von Anteilen an Immobilienanlagefonds 56, 183

Reserveland bei Betriebsstätte 141 ff., 148, 215 f.
- bei Immobiliengesellschaft 169, 174 f.

Rückforderung von Leistungen 228
Rückkaufsrecht 55
- an Gesellschaftsanteil 180
- bei Betriebsstätte 132

Rückstellungen bei Versicherungen 99
Rückzahlbare Mittel 79, 85

S

Sanktion
- strafrechtliche 197
- verwaltungsrechtliche 198
- zivilrechtliche 196, 227 ff.

Sicherheit, militärische (s. militärische Sicherheit)
Sicherstellungsaktie (s. Aktie)
Sicherungsgeschäft 80
Sitz einer Gesellschaft 68 f.
- Konzern 69
- statutarischer 69 f.
- tatsächlicher 69 f.

Sitzverlegung 60
Sozialer Wohnungsbau 43, 110 ff.
Sperrfrist für Wiederveräusserung 100, 102, 206, 209

Sch

Schuldbeitritt 80
Schuldbrief
- bei Betriebsstätte 132, 136

Schweizer Bürger 62, 64

St

Staatspolitisches Interesse (als Verweigerungsgrund) (s. Verweigerungsgründe)
Steigerung, private 103
Steigerungsbehörde
- Verfahren bei Erwerb einer Betriebsstätte 212

Stellung, beherrschende (s. beherrschende Stellung)
Stiftung 68, 84
Stiftungsrat 84
Stimmrecht 77 f., 83
- treuhänderische Ausübung 78

Stimmrechtslose Aktie 77, 83
Stockwerkeigentum 54
- Tausch 92

T

Tagebuch 200
Tatsächlicher Zweck (s. Zweck)
Tausch
- von Stockwerkeigentum 92 f.

Treuhand 72, 78, 156

U

Überblick über Revision 13 ff.
Überbauung, Finanzierung 55
Übergangsrecht 233
Übernahme (eines Vermögens) (s. Vermögensübernahme)
Umgehungsgeschäft 33, 197
Umwandlung einer Gesellschaft 59
Unwirksamkeit des Rechtsgeschäfts 196, 227 ff.
Urproduktion
- als Betriebsstätte 138 (s. auch Betriebsstätte)

V

Veräusserung, vorgängige, als Bedingung 125, 204
Veräusserungspflicht
- bei Bank, Versicherung 40, 187 ff.
- bei Erbgang 104
- bei Hauptwohnung 160 f.
- bei Zweitwohnung 115

Verein 68
Verfahren
- allgemein 192 ff.
- beim Erwerb von Betriebsstättengrundstücken 212 ff.
- beim Erwerb von Hauptwohnungen 217 ff.

Verfügungsmacht, faktische 52
Verjährung 228
Vermächtnis 90, 104
Vermietung von Wohnraum 135, 158
- keine Betriebsstätte 135

Vermietung, ganzjährige 117

115

Vermögensfähige Gesellschaft ohne juristische Persönlichkeit 57, 68, 163
– Erwerb von Anteil (s. Anteil)
Vermögensübernahme 59
Versicherung, ausländische 40, 99 f., 103, 187 ff.
Verstärkung der Stellung 58, 182
Vertrag, langfristiger 55
Verwandtschaft 90 f.
Verweigerungsgründe 39, 44, 120 ff.
– Anwendung auf bewilligungsfreien Erwerb 121, 146
– zwingende 122 ff.
  – Gesetzesumgehung 124
  – militärische Sicherheit 39, 184 ff.
  – staatspolitisches Interesse 126
  – Überschreiten der zulässigen Fläche 121, 123
  – unzulässige Kapitalanlage 122
  – vorbestehendes Eigentum 125
Verweisung an Bewilligungsbehörde 199, 205, 211
Vollzug des Gesetzes 32
Vollzug des Rechtsgeschäftes 227
Vorbezug, erbrechtlicher 90
Vorkaufsrecht 55
– als Erwerbsbeschränkung (s. Beschränkungen)
– an Gesellschaftsanteil 180
– bei Betriebsstätte 132
Vorvertrag
– bei Betriebsstätte 132

W

Wegfall der Erwerbsvoraussetzungen (s. nachträglicher Wegfall)
Wertquote
– Erhöhung 93
Wiederveräusserung, Sperrfrist 100, 102
Wirtschaftliche Betrachtungsweise 52

Wohnanteilvorschrift 36, 144, 176 ff.
Wohneinheit in Apparthotel
– Erwerb von 43, 116 ff.
– in Härtefall 105 ff.
– zulässige Fläche 123
Wohnrecht 55
– als Erwerbsbeschränkung (s. Beschränkungen)
Wohnsitz 63, 150
– Definition 153 ff.
– rechtmässiger 67, 154
– tatsächlicher 67, 153
– Wegfall 160
Wohnsitzbestätigung 63
Wohnung
– auf Betriebsstättengrundstück 36, 144 ff., 177
– bewilligungsfreier Miterwerb 36
– für Angestellte 145
Wohnungsbau, sozialer (s. sozialer Wohnungsbau)
Wohnungsnot 111

Z

Zollverwaltung, ausländische 67, 157
Zuschlag bei Versteigerung 194
Zustand, rechtmässiger, Wiederherstellung 228, 234
Zuständigkeiten 195 ff.
Zuwendung unter Lebenden 90
Zwangsversteigerung 40, 103, 187 ff., 194
Zweck
– einer Gesellschaft
  – tatsächlicher 57, 163, 166 f.
Zweck eines Grundstücks 48, 136 f., 147
Zweitwohnung
– Auflage der Wiederveräusserung 115
– Erwerb von 43, 113 ff.
– in Härtefall 105 ff.
– zulässige Fläche 123

Zu den Autoren

Dr. Hanspeter Geissmann	*Geissmann Kuhn Kern* *Mellingerstrasse 1* *Postfach 2078* *CH-5402 Baden*

- praktizierender Rechtsanwalt
- Mitverfasser des Standard-Kommentars zur Lex F

Dr. Felix Huber	*Bellerivestrasse 10* *CH-8008 Zürich*

- praktizierender Rechtsanwalt
- Ersatzrichter am Verwaltungsgericht des Kantons Zürich

Dr. Thomas Wetzel	*Diener & Wetzel* *Seestrasse 29* *CH-8700 Küsnacht*

- praktizierender Rechtsanwalt
- während 10 Jahren Mitglied der Geschäftsleitung einer börsenkotierten Immobiliengesellschaft